Zu diesem Buch

Der «edle Ritter», der ständig eine Frau retten will, hat Eigenschaften und Einstellungen, die sein Scheitern in der Liebe programmieren. Er denkt, der Mann muß sich vor allem als würdig erweisen, dann wird die Frau ihn belohnen und von allen Zweifeln an seiner Männlichkeit erlösen. Aber seine Anstrengungen scheitern, die ersehnte Belohnung bekommt er nie, trotzdem gibt er seine illusionären Erwartungen nicht auf. In seinem Leben reiht sich eine Enttäuschung an die andere. Immer fängt alles so schön an mit Sehnsüchten, Begeisterung, Minnediensten. Doch schon bald beginnen die Konflikte und Krisen mit endlosen Vorwürfen. Am Ende bricht sich die lange unterdrückte Wut Bahn, es kommt zum Knall. Aus dem edlen Ritter wird ein kleinkarierter Tyrann. Harvey Hornstein analysiert eine der verbreitetsten und schädlichsten Beziehungsstörungen, das Syndrom des «edlen Ritters» — eine wahre Seuche, die Millionen Männer und Frauen unglücklich macht, und entwickelt Perspektiven zur emotionalen Emanzipation betroffener Männer, um ihnen wie ihren Opfern, den Frauen, die Last ihrer Beziehung zu erleichtern.

Der Autor

Der Sozialpsychologe Harvey A. Hornstein promovierte am Teachers College der New Yorker Columbia-Universität, an der er heute die Fachschaft Psychologie leitet. Er ist Autor zahlreicher Bücher, u.a. *Social Intervention: A Behavioral Science Approach* (1971), *Cruelty and Kindness: A New Look at Agression and Altruism* (1976), *Managerial Courage: Revitalizing Your Company Without Sacrificing Your Job* (1986).

Harvey A. Hornstein

Die Tyrannei der edlen Ritter

Männer, die Frauen retten wollen

Deutsch von Roswitha Enright

Rowohlt

Veröffentlicht im Rowohlt Taschenbuch Verlag GmbH,
Reinbek bei Hamburg, Dezember 1994
Die deutsche Erstausgabe erschien 1993 im Rowohlt Verlag GmbH,
Reinbek bei Hamburg unter dem Titel
«Die Kümmerer.
Von Männern, die Frauen retten wollen»
Copyright © 1993 by Rowohlt Verlag GmbH,
Reinbek bei Hamburg
Die Originalausgabe erschien 1991 unter dem Titel
«A Knight in Shining Armor.
Understanding Men's Romantic Illusions»
im Verlag William Morrow and Company, Inc., New York
«A Knight in Shining Armor»
Copyright © 1991 by Harvey A. Hornstein
Umschlaggestaltung Barbara Hanke und Nina Rothfos
Gesamtherstellung Clausen & Bosse, Leck
Printed in Germany
1290-ISBN 3 499 19753 7

Für Madeline und unsere Töchter
Jessica, Alison und Erica

Inhalt

Die Misere des Märchenprinzen

4. September 1989 – Feiertag (Labor Day). Gestern abend habe ich Amy kennengelernt. Ich habe große Hoffnungen. Vieles scheint plötzlich möglich. Aber Vorsicht, bloß nicht gleich zuviel erwarten! Und doch sieht es so aus, als ob ich endlich eine Frau gefunden habe, die mir geben kann, was ich suche und brauche. Sie ist so fröhlich, sieht so nett aus... Wir haben uns stundenlang unterhalten. Ich habe sicher viel zu lange über Jazz geredet, aber es kam mir wirklich so vor, als ob sie mehr darüber wissen wollte. Ich fühlte mich gut dabei. Wir haben uns für Donnerstag zum Abendessen verabredet. Ich bin jetzt schon ganz aufgeregt. Ich muß unbedingt was für meine Figur tun!

5. September 1989 – Es ist morgens, und ich muß mich beeilen, um ins Büro zu kommen. Ich bin nervös. Mir kommen schon wieder die ewigen Zweifel. Letzte Nacht hatte ich einen Traum:

Ich schwimme im Wasser. Ein Unglück ist geschehen, mein Schiff ging unter. Ein Rettungsboot kommt vorbei, und ich klettere hinein. Andere Männer sitzen schon darin. Ein zweites Rettungsboot voller Frauen treibt längsseits. Die Frauen brauchen Hilfe, denn keine kann vernünftig rudern. Wie können wir Männer aber zwei Boote rudern, Boote, die mir plötzlich riesengroß erscheinen? Die Seitenwände sind so hoch, daß ich beim Rudern die Arme strecken muß; das sieht aus, als ob ich mich ergeben wollte. Ich habe wenig Kraft in den Armen und bin nicht fähig, das Ruder richtig festzuhalten. Ich kann den Widerstand des Wassers gegen das Ruderblatt kaum spüren. Ich bringe überhaupt nichts zustande.

Irgendwann sagen wir den Frauen, sie sollen sich auf den Boden des Bootes kauern, dann wäre das Rudern für uns leichter. Wir erreichen schließlich tatsächlich den Strand. Ich stehe neben dem Boot, lächle und erwarte etwas. Aber was? Die Frauen gehen an mir vorbei. Keine sagt ein Wort. Ich kriege einen gewaltigen Zorn, das Blut schießt mir in den Kopf. Ich bin wütend und schimpfe hinter ihnen her.

Noch im Schlaf weiß ich, daß ich einen Alptraum habe, und versuche aufzuwachen.

27. März 1990 – Ich werde nun doch mit Amy Schluß machen. Ich mag dieses Hin und Her nicht mehr. Die Beziehung hat keine Zukunft. Amy ist da anderer Meinung, wenn auch zwiegespalten. Wenn wir uns streiten, dann heißt es immer: «Du nimmst mich nicht ernst. Du kennst mich nicht.» Stimmt das denn? Ich kann das nicht so sehen. Was will sie denn noch? Und wie ist es mit meinen Bedürfnissen?

Ich glaube immer noch, daß das Leben mit der richtigen Frau etwas ganz Besonderes sein kann. Die Frage ist nur, werde ich jemals eine solche Frau finden?

Haben Sie schon einmal darüber nachgedacht, daß der Prinz im Märchen vielleicht auch Probleme hatte? Unserem Tagebuchschreiber ist das nie aufgegangen. Wie Tausende anderer Männer auch litt er unter dem Kümmerer-Syndrom, das wie ein schleichendes Seelengift seine Beziehungen zu Frauen verdarb.

Gregory Kaiser ist ebenfalls ein Opfer des Kümmerer-Syndroms. Und eigentlich ist Gregory Kaiser doch ein ganz normaler Mann. Nichts Außergewöhnliches. Gregory handelt mit Autoersatzteilen. Er ist 1,78 m groß, wirkt gesund und gepflegt und hat ein breites Lächeln und einen festen Händedruck. An seinen frischen Farben erkennt man, daß er viel Zeit im Freien verbringt. Und an seinen Händen kann man ablesen, daß er oft körperlich arbeitet.

Gregory Kaiser ist einer von 150 Männern und Frauen, mit denen ich intensive Gespräche geführt habe, um mehr über das Kümmerer-Syndrom zu erfahren. Ich sprach mit ihm genau zwei Wochen nach seinem 41. Geburtstag. Er war seit zwölf Jahren mit Evelyn verheiratet, ihr gemeinsamer Sohn Edward war acht Jahre alt.

Wer ist dieser Gregory Kaiser? Auf alle Fälle ein Opfer des Kümmerer-Syndroms. Er sucht in seinen Beziehungen zu Frauen die Bestätigung seiner Männlichkeit, wird aber immer wieder enttäuscht. Er fühlt sich durch Frauen angezogen, sehnt sich aber nach Unabhängigkeit. Er beherrscht Frauen, meint aber, daß er nur fürsorglich ist. Gregory Kaiser kann selbst das Syndrom am besten beschreiben, aus seinen Worten wird deutlich, welchen Preis Männer wie er und deren Frauen zahlen müssen: «Es ist wichtig für mich, eine enge Beziehung zu einer Frau zu haben. Das gehört zu meinem Leben unbedingt dazu. Eine solche Beziehung bereichert mich emotional, erfüllt mich, wenigstens ist das anfangs immer so.»

Ich wurde bei diesem einschränkenden «anfangs» hellhörig und bat um eine ausführlichere Erklärung.

Anfangs? Also ich glaube, diese Erfahrung machen die meisten Männer. Wissen Sie, am Anfang hat man doch sehr große Erwartungen. Alles ist so aufregend, so vielversprechend... und dann, im Laufe der Zeit, stirbt etwas ab. Vielleicht ist das zu stark ausgedrückt, es ist eher so, daß ich den Eindruck habe, nach einer Weile fehlt etwas ganz Wichtiges und Zentrales. Etwas, was eigentlich dasein sollte. Es müßte mehr davon dasein. Ich habe das ungute Gefühl, daß das, was ich gebe, und das, was ich bekomme, sich nicht mehr die Waage halten...

Es ist interessant, daß wir gerade jetzt auf diese Fragen kommen. Ich habe in letzter Zeit besonders viel über diesen Punkt nachgedacht. Das habe ich übrigens schon von sehr vielen verschiedenen Männern in meiner Praxis zu hören bekommen, von Weißen, Schwarzen und Latinos, Homosexuellen und Heterosexuellen, Zwanzigjährigen und Siebzigjährigen. Es scheint, daß sehr viele Männer in der heutigen Zeit über ihre Beziehungen zu Frauen nachdenken, und zwar besonders darüber, was sie dabei vermissen. Aber ich behielt diese Gedanken für mich.

Gregory Kaiser fuhr fort: «Meine Ehe ist soweit in Ordnung, aber schon seit einer ganzen Zeit halte ich innerlich mehr Abstand von meiner Frau als früher. Es ist so, als ob ich für sie alles getan habe, was ich konnte, und nun selbst einmal an die Reihe kommen möchte. Ich reite darauf nicht besonders herum, aber ich will mehr für mich selbst. Ich will damit nicht sagen, daß ich meine Frau verlassen will, aber ich habe mich irgendwie gefühlsmäßig von ihr zurückgezogen. Ich kann schließlich nicht immer nur geben!

Ich glaube, das trifft es: Forderungen. Frauen wollen immer mehr, es ist nie genug. Vielleicht sprechen sie es nicht so deutlich aus, aber man kann es spüren. Es ist immer zuwenig. Ich versuche, alles richtig zu machen, arbeite wie ein Pferd, helfe ihr, stehe ihr bei, kümmere mich um alles. Und ich bin auch aufmerksam: ‹Wie geht es dir denn heute?› und ‹Du siehst blendend aus›. Frauen reagieren auf so was. Nicht, daß ich es nur deshalb tue –

aber irgendwie sollte ich doch auch mal drankommen. Ich habe doch auch Bedürfnisse, brauche etwas. Jetzt werden Sie mich sicher fragen, was dieses Etwas ist.»

Ich nickte zustimmend und um ihn zu ermutigen, dieses Etwas zu definieren. Er verstand mich und fuhr fort: «Frauen können einem doch manchmal das Gefühl geben, daß man ein Prinz aus dem Märchen ist. Aber zur Zeit fühle ich mich – ich weiß nicht, wie ich es sagen soll – nicht wie ein Märchenprinz, sondern… anders. Und ich glaube, ich sehne mich einfach danach, daß ich mir wieder wie etwas ganz Besonderes vorkommen kann. Aber damit habe ich Ihnen wohl noch nicht gesagt, was denn dieses Etwas ist.»

Er hatte recht. Aber aus den Gesprächen mit den 149 anderen Männern und Frauen weiß ich, was dieses «Etwas» ist. Es ist das Herzstück einer unerfüllbaren Phantasievorstellung, die alle Männer irgendwann einmal in ihrem Leben haben und die manche Männer ihr ganzes Leben lang nicht losläßt. Es ist eine Phantasievorstellung, die die männliche Leidenschaft für Frauen schürt, gleichzeitig aber auch für das Bedürfnis des Mannes verantwortlich ist, Frauen zu beherrschen. Und leider zerstören diese Erwartungen auch oft die Beziehung, weil sich der Mann nämlich letzten Endes betrogen fühlen muß. Er hat den Eindruck, es sei ein Vertrag gebrochen worden. Eine Belohnung, die seiner Meinung nach versprochen wurde, die er verdient hat und die man ihm schuldig ist, wird ihm vorenthalten.

In allen Männern steckt ein bißchen was von Gregory Kaiser. Alle Männer haben schon einmal ähnliche Gedanken und Gefühle gehabt. Aber nicht alle Männer bleiben Opfer des Kümmerer-Syndroms. Manchen gelingt es, die schlimmsten Fallgruben zu umgehen. Ihr Leben ist nicht durch Beziehungen zu Frauen geprägt, in denen sich das Bemühen, zu helfen und sich einzusetzen, abwechselt mit Phasen der Wut und Enttäuschung, weil die Belohnung ausbleibt. Diese negativen Gefühle können sich so steigern, daß nur noch eine innere oder auch äußere Trennung möglich ist. Männer aber, die dieses Syndrom nicht kennen, fühlen sich durch die Beziehung zu ihren Frauen weder eingeengt oder unterdrückt, noch beherrschen sie ihre Frauen.

Männer, die aus diesem Teufelskreis ausbrechen wollen, müssen hart an sich arbeiten und versuchen, das Syndrom als solches zu erkennen. Erst dann können sie sich darum bemühen, es zu überwinden, häufig mit Hilfe einer Frau, die ihre Anstrengungen und Einsichten versteht und nachvollziehen kann.

Es klang nicht so, als sei Gregory Kaiser dabei, sich aus dem festen Griff des Syndroms zu lösen. Aber er hat uns verdeutlichen können, worum es bei diesem Kümmerer-Syndrom überhaupt geht, das seinen Namen übrigens einem Gedicht Erich Kästners verdankt. Die ersten Zeilen lauten: «Der Kümmerer ist zwar ein Mann, doch seine Männlichkeit hält sich in Grenzen.»

Ein Stück in drei Akten

Wenn ein Mann unter dem Kümmerer-Syndrom leidet, laufen seine Beziehungen zu Frauen immer nach dem gleichen Schema ab, wie ein Stück in drei Akten. In jedem Akt finden sich Schlüsselsätze, die gerade für diesen Akt kennzeichnend sind:

1. Akt: Sehnsüchte und Dienen

Anfangs konnte ich einfach nicht ohne sie sein. Später flaute diese Begeisterung ab. Die wunderbare Spannung der ersten Zeit nahm ab und verschwand schließlich ganz. Das Zusammensein wurde einengender, manchmal direkt unbequem und beklemmend. Ich war mit mir und meinem Leben nicht mehr zufrieden und sehnte mich nach etwas anderem. Ich sagte mir, daß ich mich wohl mehr anstrengen müsse, um sie glücklich zu machen. Dann könnte auch ich wieder glücklich sein. Ich würde in ihren Augen wieder etwas ganz Besonderes sein, und unsere Beziehung wäre wieder wie früher.

2. Akt: Enttäuschung und Vorwürfe

Ich bin nicht perfekt, aber ich habe mein Bestes gegeben. Habe getan, was man von mir erwarten kann. Aber es war nie genug. Ich glaube, sie hätte mehr tun können. Sie hätte etwas verändern können. Aber das ist nie geschehen.

3. Akt: Zorn und Unterdrückung

Mir reicht es. Irgendwann ist es genug, da muß ein Mann einfach mit der Faust auf den Tisch schlagen und sagen, daß er sich nicht alles gefallen läßt. Es geht schließlich auch um mein Leben. Ich weiß genau, daß es für mich in diesem Leben noch etwas Besseres geben muß.

Bei diesem Stück handelt es sich um eine Tragödie. Der Held, der Kümmerer, hat Eigenschaften und Einstellungen, die sein Scheitern programmieren. Er hat von Anfang an eine verhängnisvolle Vorstellung von einer Mann-Frau-Beziehung: Der Mann muß sich nur als würdig erweisen; dann wird die Frau ihn belohnen und ihm alle Zweifel an seiner Männlichkeit nehmen. Aber die Suche nach der perfekten Frau wird nie abgeschlossen sein.

Eine solche Einstellung beruht auf Illusionen. Der Kümmerer strengt sich an, in der Annahme, daß er dann eine Belohnung erhalten wird. Seine Anstrengungen müssen aber wie die des Sisyphus vergeblich sein, denn keine Frau hat die Macht, ihm die Belohnung zu geben, nach der er sich sehnt. Und wegen seiner illusionären Erwartungen wird es in seinem Leben nur eine endlose Folge von Beziehungen zu Frauen geben, die alle mit Sehnsüchten und Hoffnungen beginnen und im Zorn enden: Aus dem ritterlichen Helden wird ein Tyrann.

Gregory Kaisers Einstellungen sind typisch für einen Mann, der unter dem Kümmerer-Syndrom leidet. Er mußte den Eindruck gewinnen, daß er in seinen Beziehungen zu Frauen unweigerlich den kürzeren zog, und stimmte voll dem zu, was auch andere Männer äußerten, die unter dem Kümmerer-Syndrom litten:

- «Frauen erreichen bei einem Mann immer das, was sie wollen.»
- «Ein Mann ist zu Anfang einer neuen Beziehung meistens zu optimistisch.»
- «Frauen zeigen nur dann Dankbarkeit, wenn sie dafür etwas bekommen.»
- «Sosehr sich ein Mann auch anstrengt, die Frau wird immer mehr fordern.»
- «Ein Mann gibt und gibt, ohne von der Frau etwas dafür zu bekommen.»
- «Frauen geben einem Mann häufig das Gefühl, daß sie nie zufrieden sind.»

▓ «Wenn sich eine Frau nur Mühe geben würde, könnte sie ihrem Mann das Gefühl vermitteln, etwas ganz Besonderes zu sein.»

▓ «Frauen sind Meisterinnen darin, hilfloser zu tun, als sie wirklich sind.»

▓ «Männer werden häufig von Frauen beherrscht, auch wenn es von außen betrachtet anders zu sein scheint.»

▓ «Frauen scheinen nicht selten absichtlich zu vergessen, was sie einst versprochen haben.»

▓ «Eine Frau beschwert sich oft über etwas, was ihr Mann doch nur ihr zuliebe tut.»

Wie andere Männer auch hatte Gregory Kaiser den Eindruck, daß er Frauen gegenüber immer nur der Gebende war, ohne daß er dafür das bekam, was er wollte. Er wußte herzlich wenig darüber, was es eigentlich war, wonach er sich sehnte, außer daß er das Gefühl wieder verspüren wollte, etwas ganz Besonderes zu sein, wie eben der Prinz im Märchen.

Ein Märchenprinz, was ist das eigentlich? Was zeichnet ihn aus?

Ein Märchenprinz ist nicht nur aus dem Märchenland

Unser Prinz stammt zwar aus dem Märchen, aber man kann ihn nicht einfach als Gebilde unserer Phantasie abstempeln. Märchen sind mehr als bedeutungslose Dichtungen. Sie haben für eine Gesellschaft eine Funktion wie Möbel für einen gut eingerichteten Raum: Sie passen hinein, schaffen eine Atmosphäre, geben dem Raum ein Gesicht. Auch Märchen sagen etwas über eine Gesellschaft aus, sie spiegeln sie wider, indem sie grundlegende menschliche Belange beleuchten und beurteilen: die Bedeutung von Wahrheit, Schönheit, Mut, Feigheit, Habsucht, Neid, Treue und Liebe. Durch die Stärken, Schwächen, Tugenden, bösen Taten, Fehler, Erfolge und Mißerfolge ihrer Protagonisten verdeutlichen Märchen die Einstellung einer Gesellschaft zu diesen universellen Tugenden und Lastern.

Der folgende Briefwechsel hebt die eine wichtige Aussage hervor, um die sich in den Geschichten vom Märchenprinzen als rettendem Held alles dreht:

Liebe Brüder Grimm,
ich bin unverheiratet und habe gerade erfahren, daß die schönste Jungfrau des Landes weit von meinem Schloß entfernt gefangengehalten wird. Der Weg zu ihr ist voller Gefahren. Tückische Drachen, trügerische Sümpfe und wer weiß was noch alles bedrohen denjenigen, der versucht, sich ihrem Gefängnis zu nähern. Man sagt außerdem, daß sie dem Mann angehören wird, der sie errettet, und daß sie ihn in alle Ewigkeit glücklich machen wird. Was soll ich tun?

Lieber Schloßbesitzer,
worauf warten Sie? Zeigen Sie, was Sie können. Seien Sie entschlossen, weise, tapfer, gebrauchen Sie alle Ihre Kräfte, und geben Sie nicht auf. Sie besitzen schon ein Schloß. Jetzt brauchen Sie nur noch die edle Jungfrau zu retten. Sie wird dafür sorgen, daß Sie sich Ihr Leben lang wie ein echter Prinz fühlen!

Rettende Helden treten in vielen Märchen der westlichen Welt auf, wie zum Beispiel in dem beliebten «Dornröschen», in «Schneewittchen» und «Aschenputtel». Im allgemeinen werden diese Geschichten immer nur aus der Perspektive der Heldin erzählt. Ich habe nichts gegen diese Interpretationen, bedaure nur, daß die Seite des Helden dabei zu kurz kommt. Denn die Sichtweise der Frau wird ja nur der einen Hälfte des Märchens gerecht. Die Misere des Prinzen, aus der wir viel über das Kümmerer-Syndrom lernen könnten, wird dabei leider vernachlässigt. Durch Interpretationen der Rolle der Heldin wird immer wieder die Vorstellung, die die Gesellschaft von der Aufgabe der Frau hat, reflektiert und damit auch gefestigt: Wenn du deinen Märchenprinzen finden möchtest, darfst du nicht zu selbstbewußt sein, nicht zu viel Mut oder Intelligenz zeigen und solltest anderen die Entscheidungen überlassen. Daraus folgt: «Junge Frau: verstecke nur ja alle eigenen Qualitäten, die unsere Gesellschaft dem Mann zuschreibt! Du mußt hilflos sein, passiv und abhängig. Sei wie Dornröschen fehlerlos und jungfräulich, rein wie der Schnee. Arbeite fleißig in Haus und Küche, und eines Tages wird dein Prinz in dein Leben treten. Er wird dich auf Händen tragen und in sein Märchenschloß führen. Dort wirst du den Rest deines Lebens wie eine Prinzessin in ewigem Glück verbringen, angebetet, beschützt und versorgt von deinem dich liebenden Mann.»

Doch das wird nie geschehen. Wenn sich eine Frau nicht wie eine Prinzessin fühlt, dann kann ein Mann, abgesehen von kurzfristigen Phasen, auch nichts daran ändern. Ein Mann besitzt nicht die angeblichen Zauberkräfte eines Märchenprinzen, die eine Frau in alle Ewigkeit zufrieden und glücklich machen. Frauen, die immer wieder vergeblich auf einen Märchenprinzen hoffen, erliegen der weiblichen Version des Kümmerer-Syndroms. Colette Dowling, Autorin des Bestsellers «Der Cinderella-Komplex», berichtet von den tragischen Folgen einer solchen Einstellung: «Ich fühlte mich stark und routiniert, weil ich für meinen Mann handelte. Ich setzte nicht mein Image aufs Spiel und mußte nicht mein Talent auf die Probe stellen. Ich hätte eine glänzende Chefsekretärin abgegeben, die alle Fälle entwirrt, die plant, organisiert und darauf achtet, daß der andere – der Chef, der Beschützer – stets bekommt, was er will.» (Seite 140 f)

Colette Dowlings Erfahrungen und die anderer Frauen mit der weiblichen Version des Kümmerer-Syndroms sind erschreckend. Ebenso bedauerlich ist aber, daß ihr Verhalten wenigstens zum Teil dafür verantwortlich sein kann, daß der Mann dem Kümmerer-Syndrom verfällt und nicht mehr davon loskommt. Männer stehen schließlich täglich unter dem Druck, sich wie ein Chef, Beschützer und Held zu verhalten und Taten wie ein Märchenprinz zu vollbringen.

Der Super-Mann

Märchenprinzen und andere Retter gehören nicht zu den Durchschnittsmännern. Nein, diese Helden werden mit nahezu unbezwingbaren Gegnern fertig, überlisten und töten sie oder nehmen sie gefangen und machen sie unschädlich. Sie bezwingen Hexen und Ungeheuer, böse Zauberer und Unholde. Selbst riesige Meere, dunkle Wälder, trockene Wüsten, hohe Berge, tiefe Täler, bodenlose Abgründe, wilde Flüsse und unheimliche Höhlen werden von diesen Super-Männern überwunden. Dornröschens Märchenprinz zum Beispiel demonstriert seine magische Kraft und seine Männlichkeit, indem er eine hohe Dornenhecke zu überwinden versucht, um Dornröschen zu erreichen, Dornen, in denen zuvor schon mehrere Freier elend zugrunde gegangen waren. Vor *ihm* aber verwandeln sich die todbringenden Dornen in wunderschöne Blüten, die ihn durchlassen (ein offensichtliches Symbol für das Entjungfern der Königstochter, das ihm als Belohnung winkt). Warum sollte sich das Dornendickicht für ihn so verändert haben? Vermutlich, weil seine «männlichen» Anstrengungen, seine Ausdauer und Geduld ihm die Jungfrau gewonnen hatten.

Schneewittchens Retter, und es waren mehrere, sind auch sehr «männliche» Männer. Der erste ist der Jäger, der gegen den Willen der bösen Stiefmutter Schneewittchen laufenläßt, statt sie zu töten. Jäger sind beliebte Retter. Auch Rotkäppchens Retter war ein Jäger. Jagen ist die «männlichste» Tätigkeit überhaupt. Jäger versorgen mit Nahrung und schützen. Sie haben Waffen und sind in der Lage, Leben zu nehmen (im Gegensatz zu der Fähigkeit der Frau, Leben zu geben).

Später wird Schneewittchen von einer Gruppe rastloser Zwerge gerettet, kleinen Männern, die ihre Arbeit im Bergwerk über alles stellen und weder Spaß noch Erholung kennen (bis Schneewittchen bei ihnen erscheint). Daß sie gerade in einem Bergwerk arbeiten, ist kein Zufall. Arbeit unter Tage ist wie das Jagen eine typisch männliche Tätigkeit. Es ist gefährlich, da der Mann versucht, eine feindliche Umgebung zu bezwingen und zu verändern, und ihr die Kostbarkeiten entreißt, die in ihr verborgen sind. Bergwerke sind ein idealer Ort, um die Männlichkeit zu beweisen.

Schneewittchens letzter Retter ist der Königssohn. Er ist tapfer, ausdauernd und furchtlos und hat einen langen Weg auf sich genommen, um sie zu finden. Er verhandelt mit den eigensinnigen, möglicherweise gefährlichen Zwergen und bietet ihnen alles, was sie nur wollen, an, um Schneewittchen mit sich nehmen zu können, dessen perfekte Reinheit als Belohnung winkt. Dieser Königssohn besitzt außer seinen männlichen Qualitäten offenbar auch noch Zauberkräfte, da sein Kuß Schneewittchen aus dem Koma erweckt, in das sie nach dem Biß in den giftigen Apfel der Stiefmutter gefallen war.

Wie schon gesagt, diese Märchenprinzen und andere rettende Helden sind keine Durchschnittsmänner. Sie sind Super-Männer, die meistens besonders reich, stark und wagemutig sind. Diese herausragenden Vertreter ihres Geschlechts sind häufig intelligent und besitzen dazu eine unglaubliche Ausdauer beim Verfolgen ihres Ziels. Sie sehen obendrein noch ausgezeichnet aus und wissen ihre Welt auf eine Weise zu prägen, die der Frau, die sie lieben, ewiges Glück auf Erden verspricht. Und ebenso wie die Heldin des Märchens Vorbild für die Frau einer guten Paarbeziehung sein soll, so werden auch in den Eigenschaften des rettenden Helden die Erwartungen deutlich, die die Gesellschaft an den idealen männlichen Partner stellt. Diese stereotypen Eigenschaften machen die männlichen Kompetenzen und Fähigkeiten aus, die angeblich für eine gute Mann-Frau-Beziehung erforderlich sind.

Typisch männliche Kompetenzen und Fähigkeiten

Soziologische Untersuchungen ergaben, daß auch heute noch von Männern persönliche Qualitäten erwartet werden, wie sie die rettenden Helden im Märchen auszeichnen, die Drachen töten und übernatürliche Gefahren bestehen. Das ist ein Grund dafür, warum Märchen immer noch so beliebt sind. Ihre Botschaft gilt auch heute noch.

Im Rahmen einer vor zehn Jahren durchgeführten Untersuchung wurde Männern und Frauen ein Bild vorgelegt, auf dem eine Gruppe von Menschen beiderlei Geschlechts zu sehen war. Auf die Frage «Wer führt diese Gruppe an?» wies eine eindeutige Mehrheit auf einen der abgebildeten Männer.

Dieses Ergebnis ist repräsentativ für viele andere Untersuchungen, die sich mit unterschiedlich zusammengesetzten Gruppen von Befragten in verschiedenen Situationen beschäftigten: für Männer wie Frauen waren im wesentlichen Männer diejenigen, die kompetent die Dinge in die Hand nahmen.

Solche Ergebnisse wurden immer wieder dahingehend interpretiert, daß die Tendenz, dem Mann eine Machtposition zuzuordnen, dazu führte, daß Frauen diskriminiert wurden. Das stimmt zwar, dennoch sollte die Kehrseite der Geschichte, nämlich die negativen Auswirkungen, die eine solche Einstellung auf Männer hat, nicht vernachlässigt werden. Dieselbe Gesellschaft, deren Voreingenommenheit Frauen gegenüber für deren entsprechende Behandlung verantwortlich ist, übt auch einen starken Druck auf Männer aus: Führungsqualitäten sollen sie besitzen, entscheidungsfreudig sein und immer alles im Griff haben.

Keine der Testpersonen wies auf eine Frau, als nach der leitenden Persönlichkeit der abgebildeten Gruppe gefragt wurde, denn diese Rolle paßt nicht zu dem Bild, das unsere Gesellschaft auch heute noch von der Frau hat. Immer wieder stellt sich in Untersuchungen heraus, daß auch der heutigen Frau noch Eigenschaften wie ihrer Schwester aus dem Märchenbuch zugeschrieben werden: Sanft, taktvoll, ordentlich, ruhig und sensibel soll sie sein und in der Lage, zarte Gefühle zu empfinden und auszudrücken. Frauen fühlen sich in der inneren Welt der Gefühle besonders zu

Hause. Daher kommt angeblich ihre Fähigkeit zu umsorgen, Mitleid zu empfinden, zu kooperieren, zärtlich und einfühlsam zu sein, sinnlich und sensibel. Was die Frau zu geben hat, ist libidinös. Angeblich ist sie in der Lage, anderen Selbstvertrauen und Freude an menschlichen Beziehungen zu geben.

Der stereotype Mann dagegen ist unabhängig, objektiv, logisch, aktiv, dominant, energisch und konkurrenzbewußt. Wie sein heldenhafter Bruder aus dem Märchen soll auch der heutige Mann als Leiter und Sieger hervortreten, soll ehrgeizig, bestimmend, abenteuerlustig und selbstbewußt sein. Er ist in der Welt draußen zu Hause, wo er für Entwicklungen und Veränderungen verantwortlich ist. Sein Denken und Handeln ist überwiegend materiell bestimmt. Zur Rolle des Mannes in einer Paarbeziehung gehört immer noch, daß er sich seiner Umwelt mutig stellt, sie erfolgreich beherrscht, damit er für Frau und Kinder sorgen, sie schützen und, wenn nötig, aus Schwierigkeiten retten kann.

Natürlich geben diese Klischees nicht akkurat wieder, wie Männer und Frauen wirklich sind, sondern das sind idealisierte, kulturell und traditionell beeinflußte Vor-Bilder dessen, was Männer und Frauen darstellen sollten. Diese Stereotype werden unterschwellig immer wieder von der Gesellschaft reproduziert und betont, sind im Unterbewußtsein jedes einzelnen so fest verankert, daß beide Geschlechter bestimmte Vorstellungen haben, was sie voneinander erhoffen und erwarten. Auch der moderne Märchenprinz setzt seine Kräfte aus dem einen Grund immer wieder ein: Die starre Leblosigkeit und Kälte der reinen Jungfrau wird magisch aufgehoben, wenn sich durch die Taten des Mannes zeigt, daß er die wesentlichen männlichen Kompetenzen und Fähigkeiten besitzt. Dann erst erwacht die Jungfrau zum Leben. Sie ist ihm zugetan und wird mit ihren spezifisch weiblichen Fähigkeiten seine emotionelle Welt erweitern, so wie er für sie die materielle Welt bezwingen und ihr zu Füßen legen wird. Und dann wird Gregory Kaisers Traum wahr, und er fühlt sich wie ein Märchenprinz.

Das Kümmerer-Syndrom

Es ist das Dilemma eines jeden realen Mannes, daß diese Ausprägung von allen männlichen Kompetenzen und Fähigkeiten in nur einer Person ein unerfüllbarer Traum ist. Wie eine ferne, strahlend explodierende Supernova zeigt das unerreichbare Vorbild immer wieder den scharfen Kontrast zwischen dem Wunschtraum und dem tatsächlich Erreichten eines Mannes. Die Perfektion des Phantasiebildes läßt jede fehlerhafte Handlung, ja selbst jeden Zweifel und jedes Zögern als besonders verachtenswert erscheinen, und nur zu deutlich spürt der Mann die Kluft, die zwischen ihm als realer Person und dem, wie er seiner Meinung nach eigentlich sein sollte, besteht. Diese Diskrepanz erfüllt ihn mit Selbstzweifeln und großer Unsicherheit, was zur Folge hat, daß seine Selbstsicherheit und sein Selbstbewußtsein weiter unterminiert werden, die doch angeblich ein so wesentlicher Bestandteil seiner Psyche sein sollen. So wird die Wirkung wieder zur Ursache, die Kluft weitet sich, und Zweifel und Selbstvorwürfe nehmen zu. Ein Teufelskreis ist entstanden. Das Leben des Mannes läuft ab wie eine Tragödie in drei Akten: Sehnsucht und ritterlicher Dienst, Enttäuschung und Vorwürfe, Zorn und Unterdrückung. Der Hauptdarsteller, der Kümmerer, spielt den Prinzen, fühlt sich aber wie ein Frosch, unbeholfen und abstoßend.

Sehnsucht und ritterlicher Dienst

Wenn in den Märchen «Dornröschen», «Schneewittchen» und «Aschenputtel» die sozialen und psychologischen Mechanismen besonders gut zum Ausdruck kommen, durch die Frauen entmachtet und verunglimpft werden, kann man in «Die Schöne und das Biest» und «Froschkönig» die programmierten Abläufe erkennen, die Männer zu Kümmerern machen.

Küß mich, ich bin ein Frosch

«Die Schöne und das Biest» und «Froschkönig» gehören zu den Märchen mit dem «Tier-als-Bräutigam»-Motiv. Sie laufen immer nach dem gleichen Schema ab: Der Mann, in Gestalt eines abstoßenden Tieres, sehnt sich nach einer Frau. Er dient ihr und erwartet dafür eine Belohnung. Aber sie bricht ihre Versprechen. Die Frauen in diesen Geschichten sind wankelmütig, wenn nicht gar falsch. Man kann ihnen nicht trauen. Aber unbeirrt fährt das Tier fort, seiner Angebeteten zu dienen. Schließlich gibt das Mädchen nach (meistens, weil ihr Vater, offensichtlich ein Inbegriff männlicher Autorität, sich einmischt und sie ermahnt, sich anständig zu benehmen), und durch den Beweis ihrer Liebe (im allgemeinen symbolisiert durch einen Kuß oder eine gemeinsam verbrachte Nacht) wird die abstoßende Kreatur in einen Prinzen oder Traummann verwandelt.

Aus diesen Geschichten kann der Leser viel über Mann-Frau-Beziehungen erfahren. Allerdings vernachlässigen die meisten Interpretationen dieser «Tier-als-Bräutigam»-Geschichten die Bedeutung, die dieses Motiv für das Verständnis des Kümmerer-Syndroms hat. Manche rufen sogar die Symptome des Syndroms erst hervor durch die Behauptung, mit den Männern sei nichts verkehrt. Die Frauen seien es, die ihre gestörten sexuellen Einstellungen verändern müßten, damit ihnen sexuelle Freuden zuteil werden können. Diese Art von Geschichten wird dahingehend interpretiert, daß «es vor allen Dingen an der Frau liegt, ihre Haltung zu Sex zu ändern. Sie sollte Sex nicht ablehnen, sondern bereitwillig akzeptieren. Denn solange sie Sex als häßlich und tierisch empfindet, wird der Mann sich auch animalisch benehmen... Solange ein Partner Sex verabscheut, kann der andere das Zusammensein nicht genießen; solange ein Partner Sex als tierisch empfindet, muß der andere sich teilweise als Tier empfinden und auch so auf den Partner wirken.»

In der Perspektive eines Mannes, der an dem Kümmerer-Syndrom leidet, ist eine solche Interpretation selbstbestätigend: Frauen sind dafür verantwortlich, wenn Männer sich selbst als abstoßend empfinden. Diese Interpretation gibt den Männern außerdem eine wunderbare Rechtfertigung, sich weiterhin nach dem Diktat seines Syndroms zu verhalten. Der Mann kann der Frau dienen, indem er sie von ihrem «Problem» befreit. Die so wiederhergestellte, sexuell gesunde Frau wird dann wie «Dornröschen», «Schneewittchen» und «Aschenputtel» dankbar ihre Gaben dem würdigen Erretter zukommen lassen. Wie perfekt – und wie unsinnig!

Meiner Meinung nach ist eine solche Interpretation die reine Propaganda. Sie versucht das Verhalten von Männern mit dem Syndrom intellektuell zu rechtfertigen und mißdeutet dabei die Aussage der «Tier-als-Bräutigam»-Geschichten vollkommen. «Männer!» warnen alle diese Geschichten: «Die Frauen haben die Macht, euch wieder gesund und glücklich zu machen. Dann könnt ihr euch wieder wie der Prinz im Märchen fühlen. Ihr braucht nur das zu tun, was von einem Mann erwartet wird, nämlich für die Frau zu sorgen, sie zu schützen und anzubeten.» Aus dieser Perspektive besteht das intime Zusammenleben in einem Wechsel von Erhalten und Belohnen. Die Frau gibt dem Mann das, was ihre Weiblichkeit auszeichnet, und belohnt ihn auf diese Weise für das, was sie von ihm erhalten hat.

Intime Nähe als Mittel zum Zweck

Das Kümmerer-Syndrom perfektioniert die heimtückische, gegenseitige Abhängigkeit der Geschlechter geradezu noch. Mann und Frau hoffen durch bestimmte Verhaltensweisen Zugang zu dem zu bekommen, was der andere anzubieten hat. Die Belohnungen, die sie sich erwarten, sind für Mann und Frau verschieden, und beide Geschlechter wenden unterschiedliche Methoden an, um sie zu erlangen. Das einzige aber, was Mann und Frau gemeinsam ist, ist die Vergeblichkeit ihrer Bemühungen.

Die Frau ist in dem Glauben aufgewachsen, sie brauche nur auf ihren Märchenprinzen zu warten, der dann für sie sorgen, sie immer beschützen und anbeten werde. Um diesen Traum Wirklichkeit werden zu lassen, was allerdings nie geschieht, wird die Frau zum passiven Anhängsel des Mannes und tut alles für ihn. In stillem Einverständnis mit dem Mann verhält sie sich weiterhin so, als sei er ihr immer überlegen, und stellt niemals seinen Status in Frage.

Der Mann dagegen wird eine Frau suchen, die ihm das Gefühl gibt, mächtig und potent zu sein. Sie wird ihn endlich in seiner Männlichkeit so vollkommen bestätigen, daß er sich nie wieder wie ein «Frosch» fühlen muß. Um das zu erreichen, sorgt der Mann für die Frau, beschützt sie und betet sie an.

Diese hohle Imitation einer engen Verbindung hat fürchterliche Folgen. Kümmerer können Gefühle wie Liebe, Zärtlichkeit und Respekt für eine Frau nicht wirklich empfinden. Oder wie einer meiner Interviewpartner es formulierte: «Ich habe nie geglaubt, daß Frauen einem Mann von sich aus etwas geben können. Sie waren meiner Meinung nach nur in der Lage, Dankbarkeit zu zeigen.»

In dieser Aussage wird der Unterschied zwischen einem Geschenk aus freiem Willen und einem pflichtschuldigen Geben aus Dankbarkeit besonders deutlich. Die Bemühungen des Mannes werden von der Frau belohnt. Diese Bemühungen betrachtet der Mann als eine Art Anzahlung auf die Freuden, die er durch die Frau zu erleben hofft. Männer mit dem Kümmerer-Syndrom können sich nicht vorstellen, daß ihnen etwas freiwillig und gern gegeben wird. Sie glauben, daß man ihnen entweder etwas schuldet oder daß sie für das Gegebene zahlen müssen. Diese Männer fühlen sich immer «im Dienst». Jede Handlung eines solchen Mannes ist eine potentielle Opfergabe, dargebracht am Altar der reinen Jungfrau, in der vergeblichen Hoffnung, daß sie sie gnädig annimmt und ihm dafür gibt, was sie besitzt. Jede Tat des Mannes wird seiner Meinung nach also abgewogen und beurteilt. Und in dem Bemühen, sich in ein möglichst gutes Licht zu setzen, stellt er sich dann häufig falsch dar.

Das Image des richtigen Mannes

Je mehr ein Mann daran zweifelt, daß er all diese wunderbaren männlichen Eigenschaften besitzt, die angeblich nötig sind, um die Gunst einer Frau zu gewinnen, desto wertvoller scheint ihm diese Gunst und desto mehr möchte er andere Menschen, vor allen Dingen Frauen, glauben machen, daß er diese Fähigkeiten und Kompetenzen besitzt und ihm die Belohnung durch die Frau deshalb zusteht. Nur so können Selbstzweifel und psychische Unsicherheiten ausgeschaltet werden, und nur so wird seine innere Welt ins Lot kommen.

Und da beginnt der Betrug. Ein Mann gibt vor, all die Eigenschaften zu besitzen, die ihm seiner Meinung nach fehlen, um so die Belohnung der Frau zu verdienen. Aber es funktioniert nicht, keine Frau kann ihn durch Zauberkraft in einen Prinzen verwandeln, sosehr er sich auch danach sehnt. (Allerdings versuchen viele Frauen vergeblich, dem weiblichen Stereotyp zu entsprechen, der angeblich libidinöse Reichtümer besitzt, und bemühen sich, unglückliche Frösche in strahlende Prinzen zu verwandeln.) Letzten Endes fühlt sich unser Held immer noch unbeholfen und abstoßend, oder, wie Gregory Kaiser sagt, «sicher nicht wie ein Prinz». Wenn der Mann dann nicht begreifen kann, daß diese Enttäuschung daher kommt, daß er sich einen viel zu hohen Standard setzt und daß er auch viel zu hohe Erwartungen an Frauen hat, die nicht zu erfüllen sind, dann wird sein Bedürfnis, sich selbst und anderen etwas vorzumachen, nur noch größer. Gleichzeitig verstärkt seine Unfähigkeit, die Belohnung zu gewinnen, noch seine Selbstzweifel.

Beweise dafür sind leicht zu erbringen. Männer können Kritik schlechter ertragen als Frauen. Über ihre inneren Erfahrungen sprechen sie ungern und reagieren defensiv, wenn sie meinen, daß man an ihrer Selbstachtung rüttelt. Wenn man vergleicht, wie Männer und Frauen ihren zukünftigen Erfolg beurteilen, und dabei die objektiven Fähigkeiten zugrunde legt, wird eines immer wieder ganz deutlich: Männer überschätzen und Frauen unterschätzen die eigene Leistung. Warum? Weil sowohl Männer wie Frauen die Belohnung durch das andere Geschlecht nur erfahren können, wenn sie die Eigenschaften und Fähigkeiten zeigen, die ihrer Meinung nach von ihnen erwartet werden.

Die tragisch-ironische Situation des Kümmerers

Aus diesen und anderen Beobachtungen wird deutlich, wie die Gesellschaft Männer und Frauen in ihren Erwartungen prägt. Um zu beweisen, daß sie die geforderten Eigenschaften und Fähigkeiten besitzen, müssen Frauen untertreiben und Männer übertreiben, wenn es um die Selbstdarstellung geht.

Das Kümmerer-Syndrom hat drei tragische, weil psychisch zerstörerische Folgen für den Mann.

Erstens: Das Bemühen, einen übermäßig hohen Standard zu erreichen, ist geradezu eine Garantie dafür, daß sich der Mann wie ein Versager fühlen wird.

Er ist nicht nur unzufrieden mit sich, sondern sein dauerndes Bemühen um weitere Erfolge verwundert seine Umwelt, die sich fragt, warum ein solcher Mann, der doch schon so viel erreicht hat, sich wie ein Versager verhält. Aber das Dilemma solcher Männer ist, daß sie sich wirklich als Versager fühlen. Nur immer neue Leistungen und Erfolge geben solchen Männern in ihren eigenen Augen Wert, während die Frau unter dem Druck steht, eigene persönliche Leistungen und Erfolge herunterzuspielen oder gar nicht erst anzustreben.

Zweitens: Obgleich der Kümmerer durch den phantastischen Glauben motiviert ist, die irdische Seligkeit nur erreichen zu können, wenn eine Frau ihn vollkommen in seiner Männlichkeit bestätigt, so ist er durch das, was eine Frau für ihn tut, doch nie ganz zufriedenzustellen.

Dafür gibt es zwei Gründe. Zum einen kann eine Frau diese außerordentliche Transformation nicht herbeizaubern, die der Mann sich von ihr erhofft. Und zweitens spielt immer wieder der Zusammenhang Geschenk und Dankbarkeitsbezeigung eine zwiespältige Rolle. Kümmerer müssen immer wieder enttäuscht sein, weil nach der zweckgebundenen Interpretation ihrer Erfahrungen Frauen nur aus Dankbarkeit geben. Was eine Frau einem Mann gibt, kann ihn deshalb nie als liebens-würdigen und wertvollen Menschen bestätigen, sondern ist in seinen Augen lediglich das Äquivalent für etwas, was er für sie getan hat. Er darf also in seinem Bemühen nie nachlassen.

Und daraus folgt *drittens:* Obgleich die Bemühungen für die Frau dem Kümmerer die Daseinsberechtigung gibt, so hat er doch niemals das Gefühl, eine Frau wirklich glücklich machen zu können.

Dieses Dilemma ergibt sich aus zweierlei. Die Maßstäbe, die sich der Kümmerer setzt, sind immer übermäßig hoch, dabei aber unbestimmt und auch deshalb unerreichbar. Was er also auch leistet und gibt, es scheint ihm nie genug zu sein. Hinzu kommt noch, daß er sich nach einer magischen Bestätigung seiner Männlichkeit durch die Frau sehnt, zu der keine normale Sterbliche fähig ist. Der Effekt ist, daß er sich nur noch mehr anstrengt, noch mehr gibt, um vielleicht doch die gewünschte Belohnung zu erhalten.

Die Folgen dieser falschen Voraussetzungen sind in jedem Aspekt der Mann-Frau-Beziehung zu erkennen, am deutlichsten aber werden sie im Sexualbereich.

Ein Arzt (47) berichtete: «Ich bin kein richtiger Liebhaber. Ich empfinde mich mehr als Beobachter beim Sex, weniger als Teilnehmer.»

Ich fragte ihn, was seine Frau seiner Meinung nach beim sexuellen Beisammensein empfände.

«Sie ist sexuell erregt und hat beinahe jedesmal einen Orgasmus», antwortete er. «Nicht immer durch Penetration beim Verkehr, sondern manuell oder so. Aber damit das passiert, muß ich wie ein Dirigent eines großen Orchesters ständig absolut konzentriert sein, muß die richtigen Signale geben, perfektes Timing haben, muß ein echter Virtuose sein. Und so, besser kann ich es nicht beschreiben, so beobachte ich sie dauernd, um sicher zu sein, daß sie befriedigt wird. Aber dann kann ich mich in die Erfahrung nicht mehr so richtig verlieren, kann nicht mehr spontan sein, egal, was sie tut oder wie sie reagiert, sondern ich stehe irgendwie außerhalb der Situation. Vielleicht geht es jedem so, wer weiß? Es ist, als müßte ich erst für sie sorgen, damit ich dann auch meine Erfüllung haben und zum Orgasmus kommen kann. Wenn es dann aber passiert, dann fühle ich mich zu distanziert, ihr nicht nah. Ich bin nicht sicher, daß es ihr nicht ähnlich geht, es ist merkwürdig.»

Ein angehender Künstler (20) bezeichnete ein solches Verhalten ironisch als «sexuelle Dramaturgie», aber für die Beteiligten ist es nicht besonders amüsant. Das sexuelle Verhalten dieser Männer und vieler anderer, die ich interviewte, glich eher einem religiösen Sexritual.

Im Verlauf der menschlichen Geschichte war ritueller Sex oft Bestandteil der Anbetung weiblicher Gottheiten.

Da Menschen das Mysterium der Fruchtbarkeit (das heißt des Entstehens eines neuen Lebens) nicht begreifen konnten, waren sexuelle Handlungen Bestandteil vorgeschriebener Rituale, um die Göttin zu veranlassen, ihre lebenspendenden Gaben auszuteilen. Männer mit dem Kümmerer-Syndrom befolgen ihrerseits auch Rituale, sexuelle und andere, und hoffen, daß sie so von der Frau mit ihren lebenspendenden Gaben belohnt werden. Wenn das ausbleibt, sind sie enttäuscht und machen den Frauen Vorwürfe.

Enttäuschung und Vorwürfe

«Meine Freunde sagten: Du hast doch wirklich alles, ein Haus, Autos, eine hübsche Frau, Kinder, einfach alles. Objektiv gesehen hatten sie wahrscheinlich recht, aber ich kann Ihnen sagen, ich empfand es nicht so. Innerlich war mir elend zumute. Und es dauerte lange, ehe ich meiner Frau Sandy davon erzählte.

Ich mußte einfach alles schaffen, und ich schuftete mein ganzes Leben, um alles zu erreichen.»

«Für wen haben Sie denn so geschuftet?» fragte ich Daniel Edenlost (33), Börsenmakler, der gerade im Begriff war, sich scheiden zu lassen.

«Für wen? Für sie natürlich und für die Familie. Also ich habe wirklich immer hart gearbeitet, aber ganz sicher nicht für mich. Wenn sie glücklich waren, dann konnte ich es auch sein. Wirklich. Das klingt jetzt sentimental, aber es war so.»

«Waren sie denn glücklich?» fragte ich, obgleich ich schon ahnte, was seine Antwort sein würde.

«Wer weiß? Ich weiß nur, ich war es nicht, aber ich

konnte es niemandem sagen. Ich war unglücklich, aber ich hatte Verantwortung. Und dennoch zählte das alles irgendwie nicht. Sandy sagte: ‹Es ist doch alles in Ordnung.› Sie fand, daß ich es zu etwas gebracht hatte. Sie verstand mich nicht, versuchte mich zu beruhigen. Andere, Freunde, versuchten es auch. Aber ich wurde nur immer wütend auf sie. Es machte alles viel schlimmer, wenn sie sagte: ‹Du bist wunderbar... es ist doch alles gut... laß es doch genug sein.› Ich wußte, daß sie mich nicht verstand, daß sie mir nicht geben konnte, was ich brauchte, aber es dauerte lange, bis ich ihr das sagte.»

Ich hakte nach: «Was brauchten Sie denn?»

«Ich weiß nicht, eine Alternative, ich wollte anders sein, ich wollte nicht immer nur schuften, ohne etwas dafür zu bekommen.»

Auf die Gefahr hin, daß er glauben könnte, ich stünde auf der Seite seiner Frau, sagte ich: «Ich verstehe nicht ganz, hatte sie nicht genau das gesagt: ‹Es ist doch alles gut, laß es genug sein›?»

«Das stimmt vielleicht, aber es kam mir nicht so vor. Für mich lief alles darauf hinaus, daß sie keinen blassen Schimmer hatte, was mit mir los war und was ich brauchte. Ich wollte wachsen, wollte mich verändern und entwickeln, und mir kam es so vor, als ob sie keine Veränderung wollte. ‹Ist doch alles gut›, das bedeutet doch nichts anderes. Aber das war Blödsinn, denn für mich war natürlich nicht alles in Ordnung. Ich war sehr unzufrieden. Ich wollte mich als Mann gut fühlen, und sie half mir überhaupt nicht dabei.»

Frauen werden für den Kümmerer zu Feinden. Das ist der Preis dafür, daß man ihnen die Macht zuerkennt, das sexuelle Heil des Mannes in der Hand zu haben.

Gefangen in den drei oben aufgeführten ironisch-tragischen Grundstrukturen, versucht der Mann dennoch, der Überlegene zu sein, und macht die Frau für seine Enttäuschung verantwortlich. «Ich habe immer nur gegeben, habe getan, was ich konnte. Aber eigentlich hatte ich den Eindruck, daß sie immer nur noch mehr wollte. Es ist zuviel. Sie blockiert meinen Weg zu den besseren Dingen des Lebens.»

In der Literatur werden solche Frauen «Xanthippen» genannt. Xanthippen fordern nur immer und geben nichts. Ich glaube schon, daß es Frauen gibt, die man als Xanthippen bezeichnen könnte. Aber in Paarbeziehungen ist es häufig der Kümmerer, der seine Frau als Xanthippe empfindet. Die fundamentalen Forderungen, die sie nach seiner Meinung an ihn stellt, kommen in Wirklichkeit aus ihm selbst. Vielleicht hat sie hin und wieder einmal Enttäuschung über sein Verhalten ausgedrückt, aber die schlimmsten Anklagen entstammen seinem eigenen Unbewußten. Auf der anderen Seite ist er nicht in der Lage, bewußt zu empfinden und zu akzeptieren, wenn sie ihn lobt und in seiner Person bestätigt. Vielleicht zweifelt sie manchmal an seinen Fähigkeiten und Erfolgen, aber seine krankhaften Selbstzweifel sind mindestens ebenso stark. Vielleicht ist sie eine Xanthippe, aber der schlimmere Feind steckt in ihm selbst. Selbstverständlich erkennt er diese zänkische, immer unzufriedene Gestalt nicht gern als Aspekt des eigenen Selbst, sondern projiziert sie lieber auf seine Frau. Dann hat er ein Gegenüber, dem er die Schuld an seiner Misere zuschieben, das er sogar körperlich strafen kann.

Aus einer Untersuchung von Männern, die ihre Frauen schlagen, wird deutlich, daß sie den Frauen Attribute der Xanthippe gaben: Sie seien frigide (verweigerten ihnen die Belohnung), aggressiv, zu tüchtig und männlich. (Was kann ein Mann schließlich für eine Frau tun, die schon alles besitzt, mit dem der Mann sie angeblich versorgen und damit erobern soll?) Ob die Frauen dieser Männer dem Bild wirklich entsprachen, tut nichts zur Sache. Wichtig ist, daß die unvermeidliche Enttäuschung des Kümmerers ihn seine Frau so sehen läßt. Diese Beziehung mit der vermeintlichen Xanthippe aber reizt und frustriert den Mann nur noch mehr. Es gibt nichts, was er ihr noch geben kann, denn mit ihrer Aggression, Tüchtigkeit und ihrem seiner Meinung nach maskulinen Verhalten ist sie ja schon in die männliche Kompetenzsphäre eingedrungen.

Auch die reinen Jungfrauen aus «Die Schöne und das Biest» und «Froschkönig» haben Eigenschaften, die einen Mann enttäuschen können. Sie sind unbeständig und falsch, versprechen reiche Belohnung, wenn die Kreatur ihnen hilft, und halten ihre Versprechen nicht. Letzten Endes kann dann nur eine unerbittliche männliche Autorität sie dazu bringen, nachzugeben.

Ein ähnliches Schema läßt sich auch bei dem Mann mit Kümmerer-Syndrom aufzeigen. Frustriert, weil sich das männliche Selbstverständnis nicht recht einstellen will, voller Zorn, daß die Frau ihm verweigert, was sie seiner Meinung nach besitzt und was ihn endlich glücklich machen könnte, reagiert der Kümmerer damit, daß er Frauen gängelt und unterdrückt. Warum sollte er auch nicht? Indem er die Frau erniedrigt, kann er sein eigenes beflecktes Selbstbild aufpolieren. Auf diese Weise kann er die Frau dafür bestrafen, daß sie ihm ihre Gaben verweigert. Frauen, diese mächtigen, herzlosen Besitzerinnen eines Schatzes, nach dem sich der Kümmerer so sehnt, werden in eine untergeordnete Position gezwungen. Bei der Unterdrückung der Frauen stehen dem Kümmerer zwei Möglichkeiten offen: Er kann entweder abwerten, was seine Frau ihm gibt («Eine so unbedeutende Person kann auf keinen Fall die magischen Kräfte des libidinösen Schatzes besitzen»), wodurch er sich gerechtfertigt sieht, die unzulängliche Frau zu verlassen und sich eine andere zu suchen, die diese Zauberkräfte besitzt. Oder der Kümmerer hofft, daß die unterdrückte Frau dann durch seine Autorität (und Gewalt) gezwungen wird, ihm zu geben, was er sucht und was er bisher vergeblich durch dauernde Bemühungen zu erlangen versuchte.

Zorn und Unterdrückung

Durch das Kümmerer-Syndrom wird die Ambivalenz der Männer den Frauen gegenüber besonders deutlich. Männer beten Frauen an, und sie treten sie in den Staub. Männer glauben, daß Frauen eine ganz besondere, erlösende, magische Macht besitzen, aber auch eine quälende, kastrierende Bösartigkeit. Frauen sind furchtlose Gegner und verletzliche Bittsteller, sind Heilige und treulose Huren zugleich.

In einem der Märchen der Brüder Grimm, in «Von einem, der auszog, das Fürchten zu lernen», unterwirft sich der Held allen möglichen fürchterlichen Prüfungen, die außerordentliche Kräfte und viel Mut erfordern, aber es gruselt ihn nicht. Wer ihn schließlich das Gruseln lehrt, ist seine junge Frau (die er übrigens durch heldenhafte Taten gewann). Wodurch gelingt es ihr? In der Nacht, als er im Bett liegt, gießt sie einen Eimer kaltes Wasser über ihn, in dem kleine glitschige Fische schwimmen. Und jetzt, naß und kalt und mit zappelnden Fischen bedeckt, ruft er endlich aus, daß es ihn gruselt. Kein Wunder!

Und was soll damit ausgesagt werden? Männer können von der Frau in ihrem Bett das Fürchten erlernen. Im Bett hat sie die Macht, aus einem Helden einen zitternden Narren zu machen, eine Witzfigur. Die Symbole sind wunderbar leicht zu erkennen. Frauen handeln im Dunkeln. Ohne Warnung kühlen sie die heißen Versprechungen libidinöser Gaben mit einer Gefühlskälte, die den Mann zitternd und mit winzigen, schlaffen, sterbenden Fischen bedeckt zurückläßt.

Wenn Männer sich die Bestätigung ihrer Männlichkeit durch Frauen erhoffen, werden sie letzten Endes verletzlich und töricht wie der Held in Grimms Märchen dastehen. Diese Männer überlassen den Frauen das Urteil, ob sie sich durch ihre Taten als echte Männer erwiesen haben. Es liegt aber gar nicht in der Macht der Frauen, ein magisch verwandelndes positives Urteil zu fällen. Leider interpretieren Männer dieses Unvermögen als negative Beurteilung ihrer Männlichkeit und haben den Eindruck, als habe die Frau wirklich Eiswasser über ihre heißen Erwartungen (für das Zusammensein im Bett) gegossen. Ein solcher Mann ist frustriert und gekränkt und wütend auf die Frau, die nicht in der Lage war, ihm seine Komplexe wegen seines Froschseins zu nehmen, und zornig auf sich selbst, daß er dieser abstoßende, kriecherische Frosch ist. (Eine Frau, die immer auf ihren Märchenprinzen wartet, macht ähnliches durch. Sie ist von dem Mann enttäuscht, der es nicht fertigbringt, sie zur Prinzessin zu erheben, und ist wütend auf sich selbst, daß sie sich psychisch unterdrücken läßt.)

Annabel Lazarus arbeitet freiberuflich. Die Geschichte ihrer ersten Ehe ist eine tragische und erschreckende Veranschaulichung dessen, wie intensiv Wut und Gekränktsein einen Mann beherrschen können.

«Er behandelte mich wie ein kleines Mädchen. Das hob sein Selbstwertgefühl. Er brauchte es, um sich besser zu fühlen. Ja, ich war sein kleines Mädchen mit den langen Locken. Ich bin heute noch naiv, aber damals war ich extrem naiv. Solange ich sein kleines Mädchen war, war alles in Ordnung.»

«Was tat dieses kleine Mädchen für ihn?»

«Also, wir verstanden uns gut im Bett. Wir sind oft zum Essen ausgegangen. Er fühlte sich mit mir wahrscheinlich jung. Ich war für ihn wohl jemand, über den er bestimmen konnte. Das war gut für sein Selbstbewußtsein. Er war damals ziemlich unsicher, aber ich wußte das nicht.»

Ich fragte sie, warum er unsicher war. Ihre Antwort hatte ich erwartet. Sie vermutete, daß er Zweifel an seiner Männlichkeit hatte und daß er das Gefühl der Macht brauchte. Dann beschrieb sie, wie er seine Selbstzweifel zu überwinden versuchte. Und was sie da berichtete, war weniger leicht vorherzusehen gewesen.

«Also, er bestimmte jeden Aspekt meines Lebens. Er sagte mir, was ich anziehen, wie ich sprechen und was ich sagen sollte. Er bestimmte, was ich in einer Bar bestellen, welchen Schmuck ich tragen und wo ich arbeiten konnte. Ich war wirklich dämlich! Ich lieferte einfach meinen Verdienst bei ihm ab, und er war für unsere Finanzen verantwortlich. Ich gehörte zu der Sorte Frauen, die noch nicht einmal weiß, wie man einen Scheck ausschreibt. Er bestimmte und tat einfach alles. Erst später, als ich nach Washington zog, merkte ich, daß mir auch Rum, Gin und Sekt schmeckten. Aber während ich mit ihm zusammenlebte, trank ich nur Bourbon, weil er Bourbon trank, Bourbon mit Quellwasser und so. Und als ich dann begann, ‹erwachsen› zu werden, änderte sich unsere Beziehung, und wir stritten uns häufig. Als ich mein Studium wieder aufnahm, wurde es immer schlimmer. Vor meiner Ehe hatte ich ganztags gearbeitet und abends Kurse besucht. Er überredete mich, damit erst einmal aufzuhören, ich könnte dann ja im nächsten Jahr wieder anfangen.

Aber das wurde immer weiter verschoben, immer war es nächstes Jahr.»

Annabel erklärte, daß Außenstehende diese Selbstzweifel nie bei ihrem Mann vermuteten.

«Er machte überall einen fabelhaften Eindruck. Er brachte Leben in jede Party, war immer der Mittelpunkt. Also, er ist... er war... ein wunderbarer Unterhalter. Er tanzte phantastisch, konnte gut singen, spielte Klavier. Er strotzte vor Selbstbewußtsein, Optimismus und Kraft. Aber es war, als ob er sich diese Rolle nur selbst vorspielte. Er wollte so sein, also benahm er sich dementsprechend. Aber ich kann sein Trinken (er war Alkoholiker) und sein destruktives Verhalten nur damit erklären, daß er fühlte, daß er nur ein Image projizierte und daß sein Selbstbild weit hinter diesem Wunschbild zurückblieb.»

Annabel berichtete, daß sich sein Verhalten änderte, sobald sie verheiratet waren.

«Vor unserer Ehe war es ja immer noch möglich gewesen, daß ich ihn einfach verließ. Als wir dann aber verheiratet waren, mußte er sich nicht mehr anstrengen... Und bald fing er was mit anderen Frauen an.»

Ich fragte Annabel, wie sie herausgefunden hatte, daß er sie betrog. Sie hatte ihn in flagranti erwischt. Die Situation selbst aber kann viel über das Bedürfnis ihres ehemaligen Mannes aussagen, Frauen zu beherrschen und zu unterdrücken.

«Aus der Position, in der sich die Frau befand, konnte man leicht ablesen, daß es sich nicht um das erste Mal handelte. Sie war am Bett festgebunden und hatte seinen Penis im Mund. Das ist nicht unbedingt etwas, was man am ersten Tag einer neuen Liebesbeziehung tut. Ich glaube das einfach nicht. Er hatte mich wahrscheinlich schon lange betrogen, aber ich weiß nicht, wie lange.»

Seit der Entdeckung der offensichtlichen Untreue ihres

Mannes war das kleine Mädchen Annabel Lazarus auf immer gestorben. Ihr Mann war kein Märchenprinz. Sie begann, ihr Leben selbst in die Hand zu nehmen, und beschloß, gegen seinen Willen weiter zu studieren.

«Es war unglaublich, wie sehr er sich dadurch in Frage gestellt fühlte.»

«Sobald Sie aufhörten, das kleine Mädchen zu spielen, fühlte er sich in seiner Persönlichkeit bedroht?»

«Ja, sehr. Ich hörte mit dem Trinken auf, das war etwas, was wir bisher gemeinsam gemacht hatten. Dann ließ ich mein Haar kurz schneiden, seiner Meinung nach eine Art Rebellion, und dann nahm ich mein Studium wieder auf. Als ich ernsthaft begann, zu tun, was ich wollte, hatten wir viele Probleme. Und wenn er nicht untreu gewesen wäre, ich weiß nicht, ob wir jemals über diese Probleme gesprochen hätten. Er fühlte sich einfach schrecklich bedroht.

Ich war 28, als ich das Studium wieder aufnahm. In meinem letzten Jahr, etwa drei Jahre später, passierte folgendes. Wir wohnten damals weit außerhalb, und ich brauchte eine Stunde bis zur Universität und mußte sehr früh aufstehen. Ich arbeitete und war außerdem mit dem praktischen Teil für meine Abschlußarbeit beschäftigt. Jetzt waren aber gerade Ferien, und wir stritten uns, ob ich nach den Ferien weiterstudieren würde. Er sagte nein, und ich sagte, ich müßte gehen, es seien nur noch drei Wochen. Ich hatte meine Arbeit zu schreiben, mußte Prüfungen ablegen. Er hatte aber zwei Wochen vorher mein Auto verkauft, das heißt, es war mein Auto, aber es lief unter seinem Namen. Er sagte, nein, du gehst nicht. Er ließ das Schloß des zweiten Autos verändern und nahm den Verteilerkopf unseres dritten Autos nachts mit ins Bett.»

Ungläubig unterbrach ich sie: «Er schlief mit dem Verteilerkopf?»

«Ja, unter seinem Kopfkissen. Und eigentlich wäre das

nicht nötig gewesen, ich hätte sowieso nicht gewußt, wie man das Ding wieder einsetzt.»

All das habe er nur getan, sagte sie, um sie zu beherrschen. Aber jetzt ließ sie sich nicht mehr unterdrücken.

«Der erste Tag nach den Ferien, ein Montag, war herangekommen. Ich packte meine Bücher und Sachen, die ich für die Uni und die praktische Arbeit brauchte, in eine große Plastiktüte. Ich hatte sonst weiter nichts zu tragen. Es regnete. Ich hielt ein Auto an, das mich erst zu meinem Praktikumsplatz brachte. Danach nahm mich ein anderes Auto mit zur Uni. Nach dem Unterricht fuhr ich zu unserem Haus zurück. Er war fort und hatte alles mitgenommen. Also wirklich: das ganze Haus war ausgeräumt! Ich blieb ungefähr eine halbe Stunde dort und fuhr dann wieder. Ich habe ihn nie wiedergesehen.»

Als ich Annabel interviewte, waren mehr als zehn Jahre vergangen. Sie hatte ihr Studium beendet und war in ihrem Beruf außerordentlich erfolgreich. Sie war warmherzig und selbstbewußt. Aber die Spuren der Unterdrückung waren noch deutlich zu erkennen. Als ihr Freund wünschte ich, daß dem nicht so wäre, aber für mich war es sehr interessant, wie deutlich man aus ihren Erfahrungen ablesen konnte, in welcher Weise das Kümmerer-Syndrom die Unterdrückung und Mißhandlung von Frauen fördert. Trotz aller Bemühungen gelingt es dem Mann nicht, die gewünschte Bestätigung zu erhalten, also gibt er der Frau die Schuld an seiner Unzufriedenheit. Frauen würden nur Forderungen stellen und dann ihre Versprechungen nicht einhalten. Sie haben die Macht, weil sie allein diesen Schatz besitzen, ohne den der Mann nicht glücklich werden kann. Also haben Männer keine Wahl, sie müssen die Frau gängeln und sich untertan machen.

Die These, daß die Unterdrückung von Frauen durch Männer eine Defensivreaktion auf die Macht ist, die Frauen angeblich besitzen, wird immer wieder durch anthropologische Interpretationen von Märchen und Fabeln männerdominanter Kulturen bestätigt. Das zentrale Thema dieser Geschichten ist die Notwendigkeit einer solchen Unterwerfung, um die Unterdrückung von Männern durch Frauen zu vermeiden. Frauen werden darin generell als machthungrig oder als unfähig dargestellt. Ich glaube, daß das Frauenbild in diesen Volksmärchen (die, was man nicht vergessen darf, aus Kulturen stammen, in denen Männer dominieren) auf Selbstzweifel hinweist, unter denen die Männer dieser Kulturen leiden. Bei solchen Männern ist der Wunsch nach Macht sehr ausgeprägt, gleichzeitig empfinden sie sich als minderwertig, weil sie die extremen Leistungen nicht vollbringen können, die die Gesellschaft von Männern verlangt. Also machen sie eine Kehrtwendung um 180 Grad, bezeichnen Frauen als machthungrig (weil ich, der Mann, mich schwach fühle) und unfähig (weil ich, der Mann, merke, daß ich den idealen Maßstäben nicht entsprechen kann).

Männliche Dominanz tritt meistens in Kulturen auf, die mit einer gefährlichen, unwirtlichen Umwelt zu kämpfen haben. In solchen Situationen wird besonderer Wert auf die Eigenschaften gelegt, die zu den typisch männlichen gehören. Die Bedeutung dieser Eigenschaften wird jedoch übertrieben, sie verselbständigen sich, und es ist nur noch wichtig, zu den «richtigen Männern» zu gehören. Interessanterweise haben Anthropologen herausgefunden, daß die Männer solcher Kulturen die Gefahren der feindlichen Umwelt als weiblich bezeichnen. Die Aufgabe des Mannes ist dann also, die gefährlichen weiblichen Mächte unschädlich zu machen, indem er sie sich unterwirft oder vernichtet, um lebensbedrohende Katastrophen abzuwenden. Eine offensichtliche Interpretation dieser Aussagen, die mit der Dynamik des Kümmerer-Syndroms in Einklang steht, bietet sich an: Das männliche Dominanzverhalten ist eine Defensivreaktion auf ein Frauenbild, das die Frauen mit einer Macht ausstattet, die den Männern gefährlich werden kann.

Kurz gesagt: was Männer dazu veranlaßt, Frauen zu unterjochen, ist ihr eigenes Gefühl der Verletzlichkeit, ihre Selbstzweifel und nicht eine ausnutzbare Schwäche der Frauen. So gesehen drückt sich in dem männlichen Chauvinismus nichts weiter aus als die innere Unzufriedenheit und Enttäuschung des Mannes. Diese Enttäuschung hat mit der männlichen Phantasievorstellung zu tun, Frauen besäßen einen magischen Schatz, der sie, die Männer, in «Prinzen» verwandeln kann; dann aber müssen sie erfahren, daß sie nicht «Manns genug» sind, um diesen Schatz zu verdienen.

Man kann die Wahrheit dieser Behauptung auch humorvoll ausdrücken. Sie kennen wahrscheinlich den alten Witz, in dem ein Mann sagt: «Meine Frau kümmert sich um die kleinen Dinge des Lebens wie unser Haus, Geld, Ferien und Kleidung, und ich kümmere mich um die wichtigen wie nationale Finanzpolitik und Handlungsbeziehungen mit Ländern der Dritten Welt.»

Männliche Dominanz ist ein Mythos, der für die Phantasievorstellungen besonders der Männer und Frauen wichtig ist, die in ihrem jeweiligen Syndrom gefangen sind. Männer fühlen sich als Führerpersönlichkeiten, die versorgen und beschützen; Frauen können sich und anderen vormachen, daß sie passiv und unterwürfig sind und die Hilfe des Mannes brauchen. In Wirklichkeit herrscht durchaus ein Gleichgewicht der Kräfte. Die formelle Macht der Männer, die in Belangen der äußeren Welt zum Tragen kommt, wird von der informellen Macht der

Frauen aufgewogen, die sich mehr auf die innere Welt der zwischenmenschlichen Beziehungen konzentrieren. Das soll nicht heißen, daß für Frauen nicht vieles immer noch unerreichbar ist, was unsere Gesellschaft anzubieten hat. Diese ungerechten Diskrepanzen bestehen. Ein anderer Gesichtspunkt ist, daß Frauen vielleicht mehr verlieren als dazugewinnen, wenn sie ihre mühsam erworbene äußere Macht anwenden, aber das wollen wir jetzt nicht diskutieren. Da die Dominanz der Männer auf dem Glauben beruht, daß Frauen einen Schatz haben, der dem Mann das Glück auf Erden bescheren könnte, haben die Frauen eine entsprechende Gegen-Macht.

Zu dem typisch Weiblichen gehören nach Ansicht des Mannes nicht nur sanfte Rundungen, zärtliche Worte und Freuden, die die ewige Seligkeit versprechen. Frauen können auch hart und scharf sein und die ungeschützte männliche Psyche zerstören. Stellen Sie sich nur einmal vor, Dornröschens Prinz würde sich nach seinem Erweckungskuß einer übelgelaunten Prinzessin gegenübersehen, die sich gähnend beklagt, daß er sie gestört habe. Sie wolle lieber weiterschlafen, und er solle sich doch noch ein Weilchen länger mit der Dornenhecke amüsieren.

Was soll ein Mann denn tun? Um an den Schatz zu gelangen, muß er sich als würdig erweisen und der Frau dienen. Aber dieses Dienen bedeutet, daß er sich unterordnet, hat zur Folge, daß er anfällig wird für die Falschheiten der Frau, darunter leiden muß, daß sie ihm vorenthält, wonach er sich sehnt, und manchmal noch Schlimmeres ertragen muß. Als Lösung bietet sich an, die Frauen zu beherrschen. Das Dienen ist also nicht nur ein Mittel zum Zweck, sondern ist auch immer ein Versuch, die Frau zu beherrschen. Diese Art des «Gebens» hat nichts mit Altruismus zu tun und ist nie ein ungetrübter Ausdruck von Verehrung und Liebe.

Manchmal fallen Frauen auf diese Haltung herein, aber nicht immer. Sie wissen auch, daß man sie dadurch beherrschen will. Man hat mir das selbst in Gesprächen berichtet, und Frauen haben darüber geschrieben. Annabel Lazarus wußte in den letzten Jahren ihrer Ehe auch, daß ihr Mann sie durch übermäßige Fürsorge beherrschen wollte. Aber bis dahin hatte sie ihr Leben durch ihn bestimmen lassen.

Annabel verdient keine Kritik. Kümmerer sind sehr geschickt und wissen, wie sie ihre eigentliche Absicht verbergen können. Zum Beispiel versprechen sie den Frauen das sorglose Leben, von dem sie als kleine Mädchen immer geträumt haben. Aber dieser süße Köder verbirgt einen kräftigen Haken, von dem die Frauen sich später nur schwer wieder befreien können.

Drei Methoden sind bei den Kümmerern vorherrschend. Jede legt besonderes Gewicht auf einen bestimmten Teil der typisch männlichen Fähigkeiten und Kompetenzen und verwendet ihre eigene Sorte gefährlich süßer Köder, mit denen die Frau eingefangen werden soll.

Einmal sind da die *Verehrer*. Solche Männer konzentrieren sich auf die Aspekte der typisch männlichen Eigenschaften, Fähigkeiten und Kompetenzen, die mit dem Mann als Versorger zu tun haben. Sie tun ihrer Meinung nach alles für Frauen. Aus ihrem Verhalten spricht der Wunsch, Frauen auf Händen zu tragen (zweckgebundenes Geben). Verehrer heben Frauen auf ein Podest. Aber dieses Podest ist hoch und schmal, und die einzige Möglichkeit, von diesem Podest wieder herunterzukommen, ist ein Sprung in die Tiefe.

Die zweite Gruppe der Kümmerer sind die *Erzieher*, die sich auf ihre überlegenen Fähigkeiten konzentrieren. Erzieher wollen Frauen bilden. Für sie bedeuten typisch männliche Eigenschaften und Kompetenzen in erster Linie, daß der Mann allwissend sein sollte. Sie möchten die Frau leiten, möchten sie voranbringen und ihr Leben verbessern (wieder ein zweckgebundenes Geben). Um aber leiten zu können, brauchen die Erzieher Schülerinnen, die bildungsfähig sind. Sie brauchen also Frauen, die weniger fähig sind als sie selbst und die deshalb eifrig arbeiten müssen, um zu lernen, was ihnen ihr Erzieher beibringen will.

Die dritte Gruppe von Kümmerern besteht aus *Lanzelots*. Diese Helden konzentrieren sich auf den Aspekt des typisch Männlichen, der verlangt, daß Männer immer stark sein und beschützen müssen. Sie wollen Frauen beeindrucken. Für sie ist ihr Mannsein gleichbedeutend mit allmächtig sein, sie wollen von Frauen wegen ihrer unglaublichen Stärke bewundert werden (auch ihr Geben ist zweckgebunden). Um aber in ihrer ganzen Pracht glänzen zu können, brauchen Lanzelots schwache Frauen, die beschützt werden wollen.

Diese drei Typen des Kümmerers unterscheiden sich in vielerlei Weisen: Die Verehrer sorgen für Frauen, die Erzieher bilden sie, und die Lanzelots beeindrucken sie. Aber eines ist ihnen allen gemein: wenn Frauen den süßen Köder des zweckgebundenen Gebens schlucken, dann müssen sie auch den schrecklichen Preis dafür zahlen und sich beherrschen lassen.

Im Dienste der Frau: der Verehrer – Frauen «vergöttern»

«Ich gehe in einem friedlichen, schönen Park spazieren. Mich beschäftigen wichtige Fragen des Weltganzen, meiner Zukunft und der Verwirklichung meines wahren Selbst. Eine Frau kommt mir entgegen und geht an mir vorbei, dann eine zweite, dann noch eine, im ganzen sind es zwölf, die mir nacheinander begegnen. Ich vermute, daß diese Frauen Symbole für verschiedene Entwicklungsstufen darstellen, denn nach der letzten Begegnung bin ich ein anderer geworden.»

Dieses ist John Nobleworks Traum. John zeigt Symptome des Kümmerer-Syndroms vom Typ Verehrer. Für John sind Frauen Göttinnen. Er spricht von Frauen, als besäßen sie alle Perfektion, Reinheit und Macht, er erhebt sie aufs Podest, um sie dann anzubeten, ihnen zu opfern, sie zu bewundern und zu verehren. Männer wie John scheinen davon überzeugt zu sein, daß ohne solche Ergebenheitsbezeigungen die Vergöttlichte ihre Macht, ihn endlich zu einem «vollkommenen Mann» zu machen, nicht gebrauchen wird.

Dienen

Der Verehrer glaubt, daß er nur dann von der Frau / Göttin die ersehnte Belohnung erhalten wird, wenn er alles für sie tut. Also sorgt dieser Mann für seine Frau, vollbringt gute Taten, ist freundlich, höflich, selbstlos und verständnisvoll. Dieser Kümmerer-Typ hat nie das Gefühl, daß er genug getan hat. Vielleicht hätte er doch mehr tun, hätte etwas besser machen können. Er ist nie mit sich zufrieden.

Das zweckgebundene Geben des Verehrers geschieht in der Form des Dienens. Auf diese Weise hofft er, die Frau für sich zu gewinnen. Er stellt die Frau auf einen Altar, betet sie an, verehrt sie, erfüllt ihr jeden Wunsch, opfert sich für sie auf und hofft so, sich die ersehnte, ihn magisch verwandelnde Belohnung der Göttin zu verdienen.

John Nobleworks Überlegungen nach der ersten Begegnung mit seiner zukünftigen Frau zeigen deutlich eine solche Einstellung: «Ich weiß noch, wie ich dachte, sie sei keine Frau für mich, erst einmal, weil sie eigentlich viel zu gut aussah, sie war eine bildschöne Frau... und sie besaß all das, was ich an einer Frau bewunderte... Man kann wohl sagen, daß ich nach einer Frau suchte, in deren Leben ich eine wichtige Rolle spielen konnte... Und bei ihr glaubte ich, sie könnte jeden Mann haben. Ich fand sie sehr selbständig und intelligent. Sie war kultiviert und gebildet und konnte so ziemlich tun, was sie wollte. Ich fand, ich konnte ihr in vieler Beziehung nicht das Wasser reichen.

Ich erinnere mich an ein Gespräch über ihre Scheidung. [Anmerkung: Sie hatte ihren Mann verlassen, der, wie John meinte, sie sehr schlecht behandelt hatte.] Sie beklagte sich, daß es so schwer sei, einen anständigen Mann zu finden. Und ich erwähnte einen gemeinsamen Bekannten und daß er gerade etwas Ähnliches wie sie durchmachte. Ich schlug ihr vor, sich doch mal mit ihm zu treffen. Aber, ich weiß auch nicht, warum und wie es geschah, wenigstens verliebte ich mich in sie. Ich wußte, daß ich etwas hatte, was ihr fehlte, nämlich ein, wie ich es nennen würde, aktives spirituelles Leben.»

Er wollte sie durch etwas gewinnen, was er bei seinem Streben nach persönlicher Vervollkommnung erworben hatte. Die ersten Ergebnisse waren positiv: «Sie fand meine grundsätzliche Anständigkeit attraktiv, schätzte mich als jemanden, der ziemlich hohe moralische Ansprüche an sich stellte. Ich ging nicht gleich mit ihr ins Bett und versuchte auch nicht, sie dazu zu überreden. Sie suchte einen Mann, der anders war als die, die sie sonst kennenlernte. Und wegen ihres Aussehens konnte sie unter vielen Männern wählen.»

Frauen, die Göttinnen gleichen, brauchen auch gottähnliche Männer. Der Kümmerer vom Typ Verehrer versucht, durch gute Taten und ständige Hingabe zu beweisen, daß er ihrer würdig ist. Gleichzeitig ist er aber sein eigener strengster Kritiker und verantwortlich dafür, wenn ihm versagt ist, in die Gemeinschaft der Götter aufgenommen zu werden. Denn die Maßstäbe, die er sich selbst gesetzt hat, stellen sich als unerreichbar heraus.

Verehrer suchen ständig eine positive Antwort auf die Frage: «Bin ich gut genug für sie?» Wie alle Kümmerer, egal zu welchem Typ sie gehören, legen sie immer zu hohe Maßstäbe an. Unabhängig davon aber, wieviel der Verehrer für seine Frau tut und wie liebevoll sie sich ihm zuwendet, hat er immer wieder Zweifel und ist nie wirklich zufrieden. Er wird das Gefühl nicht los, daß er noch mehr hätte geben, noch mehr hätte tun können und müssen. Und aus lauter Enttäuschung straft er letzten Endes nicht nur sich selbst, sondern auch die Frau, die er zur Göttin erhoben hatte.

Vorwürfe

Das Lebensmotto des Kümmerers vom Typ Verehrer ist: Erfolg durch Opfer. Ein solcher Mann opfert seiner Göttin, sei es mit dem Scheckheft oder im Schlafzimmer, und wartet dann auf die ersehnte Belohnung. Aber was folgt, ist nur allzuleicht vorherzusagen: Die totale Befriedigung stellt sich nicht ein. Wer kann für die Enttäuschung verantwortlich gemacht werden?

Eine unausgesprochene Abmachung

John Noblework beschrieb mir, wie sein Bankkonto zum Opferaltar wurde. Es begann, kurz bevor er und Barbara heirateten.

«Sie gestand mir, daß sie, gegen unsere Abmachung, ihre Schulden noch nicht abgezahlt hätte und daß sie mich nicht heiraten könnte, bevor das nicht geschehen sei. Also gab ich ihr das Geld. Ich schrieb ihr einfach einen Scheck aus, ich glaube, es waren ein paar tausend Dollar.

Ich hatte mich immer sehr bemüht, mit meinem Geld auszukommen und möglichst wenig Schulden zu machen. Ich hatte etwas Geld und in manchen Bereichen keine Erfahrungen. Aber ich war ziemlich sicher, daß alles gutgehen würde. Meine Zuversicht wurde aber auf eine harte Probe gestellt. Sie hatte plötzlich finanzielle Schwierigkeiten, also zahlte ich die Kosten der Hochzeit. Und das machte mir auch nichts aus. Aber irgendwie bekam ich das Gefühl, daß ich immer nur gab und gab. Zum Beispiel machte ich ihr nach unserer Hochzeit während der Flitterwochen drei oder vier Geschenke, und sie hatte für mich gar nichts. Ich weiß noch nicht einmal, ob es ihr überhaupt

in den Sinn kam, mir etwas zu schenken. Wir hatten darüber nicht gesprochen, aber es kam mir so vor, als ob das
Geben in unserer Beziehung etwas einseitig war, wenn Sie
wissen, was ich damit sagen will.»

Johns Zuversicht war ins Wanken geraten, und er gab
zu, daß ihn «etwas immer mehr störte». Ich glaube nicht,
daß ihn das Verhalten seiner Frau nur «störte», sondern
es klang, als ob John ausgesprochen ärgerlich wurde. Aber
Kümmerer vom Typ Verehrer können nicht zugeben, daß
sie sich dazu hinreißen lassen würden, auf ihre Göttin ärgerlich zu sein. Also bleiben wir dabei, Barbaras Verhalten
begann John «zu stören».

«Ich hatte immer mehr das Gefühl, daß ich mich bemühte, alles für sie zu tun, und daß ich vergeblich darauf
wartete, daß sie auch auf meine Bedürfnisse einging.
Selbst wenn sie finanziell etwas klamm war, selbst wenn
ich in unserer Beziehung die Geldsachen managte, so hätte
sie mir doch auf andere Weise etwas geben können. Ich
hatte gehofft, daß sie Interesse an mir hätte, daß sie verstehen wollte, was ich fühlte, was mir Kummer machte und
wovon ich träumte. Ein solcher Mensch würde mich wei-
terbringen, würde meine spirituelle Entwicklung fördern
und würde mich auch sanft darin bestätigen, daß ich eigentlich doch ein sehr guter Mensch sei.» [Dabei lachte er
verlegen.]

John Noblework hoffte, daß seine Göttin ihn für seine
Ergebenheit belohnen würde. Sie brauchte ihn doch nur
«sanft darin bestätigen», daß er ein guter Mensch war. Es
«störte» ihn, daß sie ihm keinen Lorbeerkranz aufs Haupt
gedrückt hatte. Sein Opfer war umsonst gewesen. Er
mußte versuchen, auf andere Weise die ersehnte Bestätigung zu erhalten.

Der erotische Verehrer

Viele Kümmerer vom Typ Verehrer suchen im Schlafzimmer nach der Bestätigung ihrer menschlichen Größe. Man kann wohl sagen, daß ihr Verhalten im Schlafzimmer und ihre finanziellen Entscheidungen gleichermaßen eine Feuerprobe darstellen, in der ihre Erfahrungen mit Frauen getestet werden. Aber auch im Schlafzimmer werden die Kümmerer, die jeder auf seine Weise geben, nie das erhalten, was sie sich erhoffen.

Das liegt einmal daran, daß ihnen eine normale Sterbliche niemals das, was sie brauchen, geben kann. Zweitens haben sie Schwierigkeiten, etwas zu empfangen, weil sie zu sehr damit beschäftigt sind, beim Liebesakt etwas *für* die Frau (die Verehrer), *zum Besten* der Frau (die Erzieher) oder *zum Beeindrucken* der Frau (die Lanzelots) zu tun. Männer der drei Typen können weder spontan noch ungehemmt sein, weil sie immer glauben, sie müßten im Bett fürsorglich (die Verehrer), hilfreich (die Erzieher) oder besonders fähig (die Lanzelots) sein. Statt den Akt mit allen Sinnen zu genießen, nehmen sie mehr eine Beobachterposition ein.

Und der dritte Grund, warum Kümmerer nicht freudig annehmen können, was Frauen ihnen geben, ist schließlich, daß sie die Liebesbezeigungen einer Frau immer nur als Bezahlung dessen gelten lassen, was sie ihr gegeben und für sie getan haben, und nicht als freiwilliges, spontanes Geschenk. Die Folge davon ist, daß solche Männer sich immer «im Dienst» fühlen und daß ihr Schlafzimmer selten zum Schauplatz libidinöser Freuden wird.

Eine Klientin von mir war Call-Girl. Diese Frau berichtete, daß sie es beruflich meistens mit drei Typen von Männern zu tun habe, die im Grunde nichts anderes wollten, als im Beisein von Frauen zu masturbieren. Sie schloß daraus, daß eine Frau zwar ein wichtiges Stimulans für die sexuelle Erregung dieser Männer war, so wie ein erotisches Bild für andere, aber nie als echter Partner angesehen wurde, der Gefühle und eigene Bedürfnisse hat.

Die erste Sorte Männer, unsere Verehrer, die sie beschrieb, wurden sexuell erregt, wenn sie den Gentleman bei ihr spielten. Diese Männer versicherten ihr immer wieder, daß sie doch eigentlich ein guter Mensch sei und daß sie das Leben, das sie führte, wirklich nicht verdient hätte. Sie versuchten, anständig zu ihr zu sein. Für diesen Kümmerer-Typ ist es erotisch stimulierend, fürsorglich zu sein.

Die zweite Gruppe, unsere Erzieher, betonte vor, während und nach dem Geschlechtsverkehr immer wieder, daß sie ihr etwas zeigen, etwas beibringen wollten. Manchmal sagten sie: «Das machst du sonst sicher nicht mit deinen Kunden.» (Sie versicherte mir, daß es nie etwas Neues war.) Oder sie rieten ihr, dieses oder jenes «doch nächstes Mal zu probieren». («Nächstes Mal!» sagte sie zu mir. «Das gehörte doch längst zu meinem Repertoire.») Für die Erzieher ist es erotisch stimulierend, der Frau etwas beizubringen.

Und Mitglieder der dritten Gruppe, unsere Lanzelots, versuchten, sie mit der Größe ihres Penis, mit ihrer Ausdauer, ihrer Stärke oder Agilität zu schockieren oder zu beeindrucken. Sie warfen sie aufs Bett, nahmen sie fast brutal und fragten, ob sie «noch mehr aushalten» könnte. Lanzelots empfinden ihre eigene Leistung als erotisch stimulierend.

Einige Kümmerer vom Typ Verehrer schilderten mir ihre erotischen Phantasien. Die Einstellung solcher Männer zu Frauen wird immer wieder durch ähnliche Elemente in ihren Phantasien deutlich. Der Verehrer liebt das Szenario der «Rettung». Diese Phantasie besteht aus drei Teilen: 1. Das junge Mädchen wird von Unholden (andercn Männern) gefangengenommen, die sie vergewaltigen wollen. 2. Der Verehrer mit dem reinen Herzen rettet sie. 3. Sie erkennt, daß es sich bei ihm um einen besonders guten Menschen handelt, und belohnt und befriedigt ihn.

So erzählte mir Timothy Biwant (29), Angestellter in einem Krankenhaus, von seinem Traum: «Jeden Abend vorm Einschlafen dachte ich an Elaine. Sie war wirklich entzückend. Dabei bin ich ihr nie irgendwie nähergekommen, bin nie mit ihr ausgegangen, ja ich habe sogar selten mit ihr gesprochen. Sie hatte wahrscheinlich keine Ahnung, was ich für sie empfand. Sie war irgendwie so fein, so zerbrechlich, dabei frisch, eine ganz besondere Frau. Ich träumte von ihr. In meinem Traum war sie in einem Park, und diese Männer stürzen sich auf sie, wirklich unangenehme Typen, Bösewichte, wie Piraten oder so. Allerdings gibt es ja wohl in einem Park keine Piraten. Egal, sie reißen ihr die Kleider herunter und werfen sie zu Boden. Dann komme ich, und aus irgendeinem Grund verschwinden sie einfach. Warum und wieso, ist nicht ganz klar. Sie greifen mich nicht an, sondern gehen einfach weg, vielleicht laufen sie auch davon.»

Ich fragte mich im stillen, was das wohl bedeuten könnte. Vielleicht sind die Bösen ein Teil von ihm. Vielleicht kommt er sich «schlecht» vor, weil er eigentlich mit Frauen das machen möchte, was die «Piraten» mit Elaine gemacht haben. Vielleicht will er durch seine Fürsorge vor sich selbst und anderen verbergen, daß er sich eigentlich danach sehnt, Frauen Gewalt anzutun. Vielleicht will er diese «schlechten» Gefühle kompensieren, indem er den Retter spielt, Frauen auf den Altar erhebt und seine Anständigkeit damit zu beweisen sucht, daß er sie anbetet. Versucht der Kümmerer vom Typ Verehrer vielleicht besonders gut zu sein, weil er glaubt, daß er eigentlich schlecht ist?

Timothy fuhr fort: «Ich bedecke sie mit meinem Mantel und halte sie in meinen Armen. Sie ist so dankbar und auch noch so erschreckt, daß sie sich an mich klammert. Sie weiß, daß ich nicht wie die anderen Männer bin. Sie ist froh, schmiegt sich an mich, und wir gehen gemeinsam fort. Sie gehört mir. Es ist der Himmel auf Erden.»

Die Elaine aus Timothys Traum erkennt seinen Wert und sein Opfer. Der Himmel ist seine Belohnung, ein Ort, an den nur gute Menschen gelangen. Jeder Zweifel an seinem eigenen Wert, was in Wirklichkeit der Grund dafür sein könnte, daß er sich nicht an diese «feine, zerbrechliche, ganz besondere, frische» junge Frau herangetraut hatte, ist durch die Umarmung im Traum wie weggewischt.

Diese Rettungsphantasie macht die Probleme des Kümmerers vom Typ Verehrer deutlich und vergrößert sie noch. Die Maßstäbe sind zu hoch gesetzt. Solche Männer sind oft so enttäuscht von sich selbst und ihren Göttinnen, daß ihre Bemühungen, mit denen sie doch nur anbeten und verwöhnen wollen, allmählich zur grausamen Unterdrückung werden.

Tyrannisierung

Dieser gefährliche Weg in die Unterdrückung wurde durch ein Gespräch besonders deutlich, das ich mit dem leitenden Angestellten einer großen Firma führte. Meiner Meinung nach besitzt er eine ungewöhnliche Sensibilität, psychologisches Verständnis und persönlichen Mut. Besonders aufschlußreich fand ich das, was er über seine Entscheidung, Marisa zu heiraten, sagte: «Vielleicht dachte ich an meinen alten Traum, im Mittelpunkt meines Daseins eine liebende, verständnisvolle Frau zu haben.»

Das paßte nicht ganz zu dem, was er vorher gesagt hatte. Also hakte ich nach: «Wieso meinten Sie dann, Sie wollten Frauen auf ein Podest stellen?» Er selbst hatte vorher den Begriff Podest verwendet. Er antwortete: «Ja, das Podest. Ich weiß eigentlich nicht. Lassen Sie mich mal nachdenken. Sie haben da etwas Wichtiges gesagt. [Pause] Früher wurden Frauen durch die Gesellschaft auf ein Podest gehoben. Mein eigenes Frauenbild hat viel mit Hollywood-Filmen zu tun, mit Liebesromanen, die ich gern las. Eine Frau auf einem Podest bedeutete, daß sie unberührbar war.

Als Junge konnte ich mir nicht vorstellen, daß Frauen auf die Toilette gehen, stellen Sie sich das vor. Frauen waren Göttinnen. Sie dufteten köstlich und sahen gut aus. Ich hatte sehr romantische Vorstellungen als Jugendlicher. Gerade gestern haben Marisa und ich darüber gesprochen. Es war wirklich komisch. Als ich elf war, verliebte ich mich in ein Mädchen, Ruby Scheffield. Ich liebte sie drei Jahre lang. Gestern abend sahen Marisa und ich die Miss-USA-Wahlen im Fernsehen, und die Texanerin, die gewann, erinnerte mich sehr an Ruby. Sie hatte diese ganz besondere Schönheit, wunderbare blaue, leuchtende Augen. Solche Frauen, diese Schönheiten auf dem Podest, diese Göttinnen, schwitzen nie, sie leuchten nur. Das Frauenimage aus Hollywood hatte viel mit meinem Frauenbild zu tun.»

Er gab zu, daß er diese Illusionen nicht mehr hatte. Aber es dauerte doch ziemlich lange, bis er einsah, daß Hollywood nur eine Scheinwelt produzierte und verkaufte. Vorher hatte er entsprechend übertriebene Erwartungen im Hinblick darauf gehabt, was eine Frau für einen Mann tun konnte: «Frauen hatten besondere Gaben, die dich als Mann glücklich machen konnten. Der Mann stand allerdings immer im Mittelpunkt. Gerade fällt mir die gute Fee aus dem Märchen ein, die dich berührt, und schon geschehen wunderbare Dinge. Du kehrst zum Beispiel nach Hause zurück, und vor dir steht dieses herrliche Schloß. Und es gehört dir.»

Vielleicht liegt es daran, daß Kümmerer vom Typ Verehrer sich noch nicht einmal vorstellen können, daß ihre Frauen/Göttinnen wie normale Menschen riechen. Sie sind empört, wenn eine Frau, die doch «vorgegeben» hatte, eine Göttin zu sein, sich als normale Sterbliche entpuppt. Diese Frauen haben sich also als «fehlerhaft» erwiesen, sind falsche Götzen, die vom Podest gestoßen werden müssen. Tief enttäuscht («nach allem, was ich für sie getan habe!») läuft der Mann davon, um endlich eine «echte» Göttin zu finden, die seiner Aufopferung würdig ist.

Aber es ist immer wieder der Zusammenstoß mit der Realität, die den Mann von seiner rosaroten Wolke herunterholt. Es ist unvermeidlich, daß der Lorbeerkranz, die endgültige Bestätigung durch die Frau, ausbleibt, und er muß sich wieder mit seinen Selbstzweifeln auseinandersetzen. Wie kann er verstehen, was geschehen ist? Er hat alles gegeben, hat sich aufgeopfert und hat doch nicht das bekommen, wonach er sich sehnt. Die Göttin hat ihn nicht erwählt.

Entweder macht er nun die Frau für seine Enttäuschung verantwortlich, oder er sieht in dem Ausbleiben der Verwandlung einen zusätzlichen Beweis dafür, daß er dieser Umwandlung nicht würdig ist. Die Folge davon ist tragisch, aber vorherzusehen. Da er mit der Vorstellung groß geworden ist, daß unwürdige Menschen erst durch Buße erlöst werden können, opfert er sich noch mehr auf. Wenn man sich diese Opfer aber einmal genauer ansieht, wird deutlich, daß sie letzten Endes die Frau/Göttin, die ihm die Erfüllung vorenthält, für seine Enttäuschung strafen sollen.

Einmal gibt es dafür die ewigen Selbstbeschuldigungen. Fred Sapmans Geschichte zeigt, zu welchen Extremen das führen kann. Fred ist ein Mann, der überall auffällt. Er ist etwa 1,85 m groß, hat rote Haare und eine sportliche Figur. Kurz nach der Hochzeit begann seine Frau BWL zu studieren. Schon im ersten Jahr hatte sie eine Affäre mit einem ihrer Professoren. Fred erfuhr sehr bald davon. Die Ehe überdauerte noch weitere Affären, und nach beinahe zehn Jahren reichte Freds Frau die Scheidung ein. Als ich später mit Fred über die erste Affäre seiner Frau und über seine Ehe im allgemeinen sprach, fand er die Fehler nur bei sich: «Sie hatte eine Affäre mit einem der Professoren, und das hat mich einfach fertiggemacht. Es tat weh, und es tut immer noch weh. Ich konnte es damals nicht fassen. Ich glaube, das ist passiert, weil sie irgendwie unglücklich war und sich isoliert fühlte.»

Ich fragte, warum sie wohl unglücklich war und sich isoliert fühlte. Darauf Fred: «Wir wohnten weit außerhalb... und ich glaube, sie wußte nicht recht, was sie wollte, und fühlte sich nicht besonders wohl. Es war nichts Bestimmtes. Unsere Beziehung war eigentlich sehr positiv, wenigstens sah ich das so.

Aber ich verzieh ihr die erste Affäre, und nach einer Weile bauten wir auch wieder eine gute Beziehung auf. Was geschehen war, war geschehen, weil ich nicht verstand, wo ihre Prioritäten lagen. Zum Beispiel war ihr sehr wichtig, wo wir lebten. Vielleicht war ich zu sehr auf meine beruflichen Ziele konzentriert. Ich weiß nicht genau – wenn ich mich mehr um sie gekümmert hätte... es war nicht so, daß wir nicht gemeinsam Dinge unternommen hätten. Ich weiß nicht... vielleicht habe ich nicht genug für sie getan.»

Beziehungen zu Frauen beginnen und enden für den

Kümmerer vom Typ Verehrer psychologisch immer an derselben Stelle. Anfangs machen sie sich Gedanken, ob sie auch genug für die Frau tun. Während der Beziehung dann werden sie kurzfristig von ihren Selbstzweifeln befreit. Wie kann schließlich in Frage gestellt werden, ob sie der Frau würdig sind, wenn sie sich solche Mühe geben, das Richtige zu tun? Ein Betrachter würde über eine solche Beziehung sagen: «Er betete sie an. Es gab nichts, was er nicht für sie tun würde. Kein Opfer war ihm zu groß.»

Aber auf diese kurzfristige Befreiung von Zweifeln am eigenen Wert muß Enttäuschung folgen. Es liegt nicht in der Macht der Frauen, die Aufopferung des Mannes damit zu belohnen, daß sie ihm sämtliche Selbstzweifel nehmen. Aber auch eine solche Enttäuschung paßt noch in das Szenario des Aufopferers. Es hat sich eben nur bewiesen, daß er noch nicht würdig ist, um so mehr Grund, Buße zu tun, sich noch mehr anzustrengen, noch mehr für die Frau zu tun. Je mehr er aber für die Frau tut, desto weniger darf die Frau für sich selbst tun. Das hat zur Folge, daß sie sich immer abhängiger, hilfloser und verpflichteter fühlt. Sie hält sein Verhalten für einengend, unterdrückend und beherrschend und fühlt sich wegen seiner übermäßigen Bemühungen unfrei.

So war es für die Frau, die einen Verehrer erst liebte und sich dann von ihm unterdrückt fühlte. Sie fand sich auf einem Podest wieder, von dem sie nicht mehr herunterkommen konnte. «Dieser Mann tat alles für mich. Es war wunderbar, einfach traumhaft, nicht wahr? Meine Eltern waren begeistert von ihm, und meine Freundinnen, alle, bis auf eine, die ihn durchschaute, beneideten mich. ‹Er ist so anständig und gut zu dir.› Ich kann mir heute nicht mehr vorstellen, daß ich das so genossen habe. Ich war schließlich kein Kind mehr, war 27. Aber ich fand sein Verhalten wirklich sehr anziehend. Es war wie ein Märchen, wie ein Traum, aber eigentlich war es ein Alptraum. Er war ein wirklich anständiger Mann und so liebenswürdig. Ich war doch immerhin eine erfolgreiche, selbständige Frau gewesen, wie konnte ich nur auf so etwas hereinfallen? Es war richtig gräßlich. Er war wie Sirup, süß und klebrig. Nach einer Weile klebte ich fest und konnte mich nicht mehr rühren. Und dann hatte ich auch noch Schuldgefühle! Können Sie sich das vorstellen? Er erzeugte in mir ein schlechtes Gewissen, selbst wenn ich nur einen kleinen Spaziergang allein machen wollte, wenn ich mir eine Zeitschrift kaufen oder mal mit meinen Freundinnen zusammensein wollte. Wenn ich mich nicht nach ihm richtete, sondern tat, was ich selbst wollte, hatte ich ein furchtbar schlechtes Gewissen. Er war schließlich so gut zu mir. Ich schuldete ihm irgend etwas, hatte immer das Gefühl, daß ich ihm verpflichtet war. Ich saß fest, saß auf meinem Podest, und er hatte die Leiter weggezogen.»

Auch andere Kümmerer-Typen, die Erzieher und die Lanzelots, reagieren auf die Enttäuschung, daß Frauen ihnen nicht die absolute Erfüllung bringen, mit Unterdrückung. Nur ihre Methoden sind andere und darum eben für sie charakteristisch.

Im Dienste der Frau:
der Erzieher – Frauen leiten

Beim Schreiben dieses Kapitels muß ich immer wieder an Annabel Lazarus denken. Ihre traurigen, zornigen Worte waren so zutreffend, daß ich sie hier noch einmal wiederholen möchte: «Er bestimmte jeden Aspekt meines Lebens. Er sagte mir, was ich anziehen, wie ich sprechen und was ich sagen sollte. Er bestimmte, was ich in einer Bar bestellen, was für Schmuck ich tragen und wo ich arbeiten konnte. Ich war wirklich dämlich!»

Ich habe Annabels Mann nie kennengelernt, aber die unangenehme Erfahrung, sich «dämlich» vorzukommen, ist charakteristisch für Frauen, die mit einem Kümmerer vom Typ Erzieher zusammenleben. Solche Männer verstärken durch geschickt angebrachte Kritik und Verbesserungsvorschläge Selbstzweifel und Verletzlichkeiten der Frau, bis sie ihr Selbstbewußtsein vollständig verloren hat und sich für «dumm» hält.

Ich interviewte einmal einen Mann, Maurice Mandar, der zweifellos viele Merkmale des Kümmerer-Syndroms vom Typus Erzieher aufwies. Nach meinen ersten Worten brauchte er auch nicht lange zu überlegen: «Am besten sollte ich vielleicht mit meiner ersten Ehe beginnen. Ich heiratete eine Frau, die sechs oder sieben Jahre jünger war als ich und gerade ihre vier Jahre College beendet hatte. Sie stammte aus einer einfachen Familie, in der ‹Bildung› keine große Rolle spielte. Offenbar bewunderte meine Frau meine gesellschaftliche Gewandtheit, mein intellektuelles Ansehen, und ich genoß das. Ich kam mir wichtig vor, und ich fand es irgendwie attraktiv, daß diese Frau mich brauchte, daß ich ihr etwas beibringen konnte, für sie sorgen und ihre Entwicklung fördern sollte.»

Er zitierte, was seine Frau angeblich bei ihrem Kennenlernen zu ihm gesagt hatte: «Ich weiß wirklich nicht, was ich mit mir anfangen soll. Ich habe es irgendwie in meiner Entwicklung noch zu gar nichts gebracht.»

Daraufhin fuhr Maurice fort: «Hier war also jemand, der nicht nur Hilfe brauchte, sondern sogar noch darum bat! Diese junge Frau stammte aus Arbeiterkreisen, hatte als erste ihrer Familie ein College besucht, wenn es auch ein College mit nicht besonders hoher Qualifikation war. Ich wollte sie zu einer gebildeten, kultivierten Frau erziehen, die mindestens den Ansprüchen der Mittelklasse entsprechen würde. Ich weiß nicht, ob sie das jemals wirklich wollte.»

«Hat sie denn nie gesagt, daß sie das auch wollte?»

«Ich glaube, sie war gern mit jemandem zusammen, der einer gewissen Bildungsschicht angehörte, aber es lief letzten Endes darauf hinaus, daß sie die Art von Entwicklungshilfe nicht wollte, die ich für richtig hielt. Sie wollte kein Abbild von mir sein und auch nicht nach meiner Phantasievorstellung von einer kultivierten Frau unserer Zeit maßgeschneidert werden. Sie war daran interessiert, Neues kennenzulernen. Aber die Tatsache, daß sie es interessant fand, in ein tolles französisches Restaurant zu gehen, bedeutete noch lange nicht, daß sie auch ihren Geschmack veränderte. Sie aß immer noch am liebsten Brathendl und trank ein Bier dazu, daran würde sich auch nichts ändern, und es war ihr einfach Wurscht. Ich hatte ein ganz bestimmtes Bild von meiner eigenen Person, das vielleicht etwas übersteigert war. Aber ich war so davon überzeugt, daß ich ihr helfen wollte, so zu werden wie ich.»

Für den Kümmerer vom Typ Erzieher sind Frauen nicht der Inbegriff von Perfektion, Reinheit und magischer Macht wie für den Verehrer, sondern eher unbrauchbar und leistungsschwach, aber entwicklungsfähig. Erzieher behandeln Frauen, als wollten diese von Männern empor- gezogen und unterstützt werden. Erzieher stellen Frauen nicht auf ein Podest, um sie zu verehren, sondern sie kon- zentrieren sich mit Worten und Taten auf die Mängel, die Frauen ihrer Meinung nach aufweisen. Solche Männer be- haupten immer wieder, daß sie den Frauen nur helfen wol- len, ihre wahren Talente zu entfalten. Wenn die Umwand- lung der Frau einst abgeschlossen ist, wenn sie mit seiner Hilfe ein undefiniertes (und deshalb unerreichbares) Ent- wicklungsstadium erreicht haben wird, dann, so hofft der Erzieher, wird sie in der Lage sein, ihm zu geben, was er sich erträumt. Noch wichtiger ist, daß sie sich dann danach sehnen wird, ihm diese wunderbare Belohnung zu geben, weil er sie doch erst zu dem gemacht hat, was sie jetzt ist.

Dienen

Um den für ihn so notwendigen Schatz der Frau zu erhal- ten, wird der Kümmerer vom Typ Erzieher alles für die Frau tun, was seiner Meinung nach zu ihrem Besten ist. Für ihn ist die Frau ein ungeschliffener Diamant, der erst durch ihn, den kompetenten Mann, in einen blitzenden Brillanten verwandelt werden kann. Erzieher sehen es als ihre Aufgabe an, Frauen zu erwecken, zu belehren und ihnen weiterzuhelfen.

Seine Art des zweckgebundenen Gebens beruht auf seinem Frauenbild: Die Frau ist unzulänglich, hat aber wie ein Kind «Anlagen». Dieses Potential kann erst in der Zukunft realisiert werden. Heute weiß die Frau nicht, wie die Welt funktioniert, und kann sich nicht zurechtfinden. Deshalb, so glaubt der Erzieher, brauchen und wünschen sich Frauen Männer, die sie unter ihre Fittiche nehmen und ihnen Wege aufzeigen, wie sie sich die ihnen fehlenden Fähigkeiten aneignen können.

Das Problem mit dem Protegé: Steven Gallis Geschichte.
«Also gut, meine erste Ehe. Ich arbeitete als Chemiker in einer Firma und lernte meine Frau kennen, die dort im Büro beschäftigt war. Nach einer Zeit, ungefähr eineinhalb Jahren, beschlossen wir, das heißt, beschloß ich zu heiraten.»

Ich wollte, daß er das noch weiter ausführte: «Sie beschlossen zu heiraten?»

«Ja, ich hatte doch in dieser Beziehung das Sagen. Sie war viel jünger als ich, ungefähr sieben Jahre jünger und ziemlich unreif.»

Kümmerer, und da besonders die Erzieher, erwähnen meistens Unreife als Beweis für die Unzulänglichkeit ihrer Frau. «Sie hatte die Realschule besucht, war sexy und attraktiv, und so heirateten wir. Einige ihrer Eigenschaften aber, die mich ursprünglich angezogen hatten, waren letzten Endes dafür verantwortlich, daß ich nicht mehr mit ihr zusammenleben wollte.»

Wenn die Bemühungen des Erziehers scheitern, seinen ungeschliffenen Diamanten in einen Brillanten zu verwandeln, der ihn mit seinem Wert belohnt, dann ist er nicht selten der Meinung, lediglich das falsche Ausgangsmaterial gewählt zu haben, und sucht sich einen neuen Schützling. «Zu diesen Eigenschaften gehörten vor allen Dingen ihre Unreife, ihre Naivität und ... daß sie gefördert werden wollte. Und ich hatte geglaubt, das sei eine schöne Aufgabe. Ich könnte ihr Lehrer sein, könnte ihr Orte zeigen, die sie noch nie gesehen hatte und die sie wahrscheinlich auch nie kennengelernt hätte, wenn ich sie nicht geheiratet oder wenigstens mit ihr zusammengelebt hätte. Ich wurde also zu ihrem Erzieher, zu ihrem Lehrer; wir unternahmen Dinge zusammen, fuhren zum Beispiel nach San Francisco ins Konzert. Unsere Unternehmungen waren weitaus anspruchsvoller als das, was sie von zu Hause gewohnt war. Sie stammte aus einer Kleinstadt, war zum erstenmal aus Indiana herausgekommen. Sie hatte immer ein sehr behütetes Leben geführt, ihre Familie stammte von Iren ab und war katholisch. Sie war sehr streng erzogen worden. Und nun, ich will da nichts übertreiben, aber irgendwie bewunderte sie mich, war ich ihr Held.»

Kümmerer vom Typ Erzieher wie Steven Galli konzentrieren sich vor allen Dingen auf die Aspekte ihrer männlichen Eigenschaften, die mit dem eigenen Wissen, ihrer Bildung und Erfahrung zu tun haben. Sie suchen immer wieder eine positive Antwort auf die Fragen: Weiß ich genug? Bin ich fähig? Und diese Bestätigung finden sie, wenigstens für eine Weile, bei einer Frau, die sie für weniger gebildet halten. Vor einer solchen Frau können sie endlich ihr Wissen leuchten lassen. Wenigstens eine Zeitlang haben sie das Gefühl, den hohen und niemals zu erfüllenden Ansprüchen an die Männlichkeit genügt zu haben. Immer, wenn ein Erzieher eine Frau anleiten kann, sie kritisiert oder ihre Handlungen korrigiert, kommt er sich wichtig und kompetent vor, da er seine Fähigkeiten mit denen einer Frau vergleicht, die er für unterlegen hält.

Steven Gallis Erfahrungen sind typisch für den Kümmerer-Typ Erzieher. Er versuchte eine bestätigende Antwort auf die Fragen: Weiß ich genug? Bin ich fähig? zu erhalten, indem er sich für eine Frau entschied, die er für unterlegen hielt und die deshalb das brauchte, was er anzubieten hatte. Indem er sie anleitete, korrigierte und unterwies, förderte er ihre Abhängigkeit von ihm und ihr Gefühl der eigenen Unzulänglichkeit. Gleichzeitig konnte er so die notwendige Illusion seiner eigenen Überlegenheit aufrechterhalten.

Männer wie Steven Galli sehen sich allerdings letzten Endes einem Dilemma gegenüber, wodurch ihnen dann doch noch das ersehnte Gefühl der Kompetenz genommen wird. Die magische Belohnung, die endlich die eigene Männlichkeit bestätigt, kann nur von einer Frau gewährt werden, die schon brilliert, nicht aber von einer, die bedürftig und unfähig ist. Auf der anderen Seite darf ihr Schützling, ihr noch ungeschliffener Diamant, aber nicht zu sehr strahlen, denn welche Aufgabe bliebe dann noch dem Erzieher? Um sich in seiner Beziehung zu der Frau sicher zu fühlen, muß die Frau ihm immer unterlegen bleiben. Es ist eine richtige Zwickmühle: der Typ Erzieher kann den Schatz, den er fälschlicherweise im Besitz der Frau wähnt, nur erhalten, wenn die Frau durch ihn verändert wird. Wenn die Frau sich aber ändert, dann gefährdet das die Illusion seiner Überlegenheit. Ob sie sich also ändert oder nicht, der Erzieher findet immer Gründe dafür, warum er seinen ehemaligen Schützling durch einen neuen, passenderen ersetzen muß.

Vorwürfe

Ich hatte für den Kümmerer vom Typ Verehrer als Lebensmotto «Erfolg durch Opfer» vorgeschlagen. Für den Typus Erzieher wäre der richtige Slogan vielleicht: «Erfolg durch Leiten.»

Diese Motti klingen gut, sind aber beide falsch. *Die Be-*

mühungen werden nie Erfolg haben! Das Pseudo-Leiten des Erziehers hat das gleiche tragische Ergebnis wie das Pseudo-Opfer des Verehrers: erst Enttäuschung, dann Vorwürfe und letzten Endes Zorn auf die Frau und daraus folgend die Unterdrückung der Frau.

Begabte Lehrer sind froh, wenn ihre Schüler ihre Fähigkeiten und ihre Selbständigkeit entwickeln und bei der Lösung von Aufgaben Originalität zeigen. Der Kümmerer vom Typus Erzieher kann sich an den Fortschritten seines Schützlings nicht freuen.

Ich fragte Steven Galli: «Worum ging es denn, wenn Sie Schwierigkeiten mit Ihrer ersten Frau hatten?»

«Meistens ging es um immer die gleichen Dinge. Viel hatte mit intellektueller Anregung zu tun. Sie war nicht besonders intelligent.»

Ich hatte den Eindruck, daß er mit seiner Kritik an ihren intellektuellen Fähigkeiten Zweifel, die er an sich selbst hatte, auf sie projizieren wollte. Ich erinnerte ihn daran, daß es schließlich ihre Unschuld, ihre Naivität gewesen sei, die er ursprünglich so anziehend gefunden hatte.

«Ja, das stimmt schon. Ich habe ja gleich gesagt, daß das, was mich anfangs anzog, später zum Problem wurde. Sie las nicht gern, ich dagegen sehr. Sie wollte nicht dazulernen, ich schon. Sie war nicht gerade intellektuell stimulierend. Wenn ich mit ihr über etwas sprechen wollte, etwas diskutieren, dann wollte oder konnte sie das nicht. Das war schon ziemlich störend. Aus irgendeinem Grund, ich weiß nicht genau, was es war, es lag vielleicht an mir oder auch an ihr, wenigstens wurde ich schließlich die dominante Figur in der Familie. Ich traf die Entscheidungen. Ich beschloß, was wir unternahmen, wohin wir in den Ferien fuhren. Ich entschied, und sie richtete sich danach. Das wurde mir mit der Zeit zuviel. – Aber, wie gesagt, vielleicht war ich auch dafür verantwortlich. Wenn ich so zurückblicke, dann lag es wahrscheinlich an mir. Aber ich handelte in ihrem stillen Einverständnis, da bin ich sicher. Was zuerst kam, ihre Abhängigkeit oder meine Dominanz, weiß ich nicht. Aber es entwickelte sich mit der Zeit, und es begann sie zu stören.»

Ich wunderte mich nicht, daß Stevens Frau nicht länger die Unterwürfige spielen wollte. Aber es interessierte mich, woran er das gemerkt hatte. Und ich wollte wissen, wie er sich zu seiner rebellischen Protegée verhalten hatte.

«Sie sagte: ‹Nein, das will ich nicht.› Ich schlug zum Beispiel vor: ‹Laß uns in den Ferien meine Eltern besuchen.› – ‹Nein, ich habe keine Lust, diese Leute zu sehen.› – ‹Was willst du denn dann machen?› – ‹Ich möchte lieber woanders hinfahren.› Und wohin? Vielleicht irgendwelche Leute aus ihrer Verwandtschaft besuchen, meinte sie, oder ans Meer fahren, oder einen Ausflug mit ihrer Familie, mit ihren Eltern machen. Also sie war schon irgendwie rebellisch. Ich fand ihre Familie nicht besonders interessant. Ich kam gut mit ihrem Vater aus, mochte aber die anderen nicht sehr.»

«Sie schätzten die Auflehnung Ihrer Frau auch nicht besonders?»

«Nein, eigentlich nicht.»

«Sie empfanden es aber auch als belastend, wenn Sie alle Entscheidungen treffen mußten?»

«Ja, das stimmt.»

Ich sah ein, daß seine Frau sich in einer schwierigen Situation befand: Er fand es nicht gut, daß sie so abhängig war, mochte ihre Unabhängigkeit aber auch nicht. Also sagte ich nur: «Da war dann wohl nicht mehr viel zu machen?»

«Ja, das ist ein richtiges Dilemma, nicht wahr?»

Der erotische Erzieher

Ja, es ist ein richtiges Dilemma, das nicht nur dann deutlich wird, wenn man sich fragt, wohin man in den Ferien fährt, ob man ein französisches Restaurant zu schätzen weiß oder gerne Bücher liest. Dieses Dilemma erstreckt sich auch auf das Schlafzimmer des Kümmerers vom Typ Erzieher auf sein Sexualleben.

Der Verehrer liebt die erotische Phantasievorstellung des Erretters der hilflosen Unschuld, der Erzieher dagegen sieht sich lieber in der Rolle des Pygmalion, was immer darauf hinausläuft, daß er sich nur mit Frauen näher einläßt, denen es an irgend etwas mangelt. Männer berichteten mir von ihren Phantasien, in denen sie Beziehungen zu Frauen hatten, die in Armut lebten, die mißhandelt worden oder sehr unselbständig waren, oder, das galt nur für weiße Männer, einer anderen Rasse angehörten. Manchmal stellte sich ein solcher Mann vor, daß eine Kollegin ganz dringend gerade seine Hilfe bei einem Projekt brauchte, oder ein anderes Mal war es eine Nachbarin, die mit den Problemen ihres Lebens nicht fertig wurde. Was diese Frauen auch brauchten, der Mann war immer in der Lage zu helfen. Dafür waren sie dankbar, und das ewige Glück war gesichert.

John Dentons Phantasievorstellung ist typisch für viele: «Es ist schon irgendwie merkwürdig. Nicht daß ich mich wegen des sexuellen Aspekts schäme, aber ich verstehe nicht ganz, was die andere Rasse der Frau damit zu tun haben soll. Also, ich hatte mal eine Nachbarin, es ist schon ein paar Jahre her, sie war älter als ich, stammte irgendwo aus Lateinamerika. Sie sprach spanisch. Also, ich hatte die Phantasievorstellung, daß sie vielleicht meine Hilfe brauchte. Sie sah zwar nicht besonders gut aus, wirkte aber attraktiv auf mich. Also wollte ich ihr helfen.»

«Wie wollten Sie ihr helfen?»

«Vielleicht würde ich ihr anfangs erklären, was sie nicht verstand, ihr wichtige Telefongespräche abnehmen, zum Beispiel. Dann würde sie vielleicht mehr wissen wollen, und sie würde zu mir in die Wohnung kommen. Wir säßen gemeinsam auf meiner tiefen, weichen Couch, und sie gab sich Mühe, und wenn sie Fehler machte, tätschelte ich ihr tröstend die Hand. So würde alles anfangen. Wir würden uns näherkommen, und sie würde zu mir aufsehen, weil ich so viel wußte und konnte. Und wir hätten phantastisch wilden Sex zusammen.»

Es ist interessant, daß in seiner Phantasievorstellung die Fortschritte der Frau keine Rolle spielen, sondern nur ihre Fehler. Sie bleibt also unfähig und braucht ihn weiterhin. Phantasien sind wunderbar. Man bekommt, was man haben will (in diesem Fall «wilden Sex»), und muß dafür nichts bezahlen.

Unterdrückung

Phantasien sind aber nicht die Wirklichkeit. Erzieher bringen sich selbst in ein Dilemma, das sie teuer zu stehen kommt. Entweder veranlassen sie eine Frau dazu, zu lernen und sich zu ändern; dann wird diese Frau bald die vorher unbestrittene Überlegenheit des Mannes in Frage stellen. Oder die Frau ändert sich nicht und verliert in den Augen des Erziehers an Wert, weil sie offenbar den ersehnten Schatz nicht besitzt.

In beiden Fällen reagieren aber manche Erzieher in der Form, daß sie ihre Anstrengungen nur noch steigern, und machen damit deutlich: «Trotz meiner großen Bemühungen bist du, Frau, immer noch unfähig, ungeschickt und naiv. Deshalb darf ich in meinen Anstrengungen nicht nachlassen, koste es, was es wolle.»

Dazu der Bericht einer Frau: «Die Kritisiererei hört nie auf. Ich bin zu dick, mein Po ist zu groß. Meine Unterhaltung ist geistlos. Ich kann weder gut Tennis noch Golf spielen. Einmal regte er sich auf, daß ich bei einer Party zu laut gelacht hatte. ‹Mit seinem Lachen sollte man niemanden belästigen!› Ich weiß wirklich nicht, was ich machen soll. Er weiß auch genau, wie man eine Party planen muß, und nach der Party macht er mir dann Vorhaltungen: ‹Du hättest etwas anderes bestellen sollen. Niemand ißt doch heutzutage noch Käsehäppchen!› Ich habe Angst, überhaupt irgend etwas zu tun. Ganz ehrlich, wenn er abends nach Hause kommt, verkrampfe ich mich und habe Herzklopfen, als sei ein Polizist durch die Tür getreten. Er bleibt immer ruhig und spricht leise, aber ich komme mir so dumm vor und fühle mich, als ob ich etwas verbrochen hätte und nun zur Strafe genau das tun müsse, was er mir sagt.»

Andere Erzieher schlagen einen anderen Weg ein. Gleichgültig, ob ihre Frau sich geändert hat und nun die Autorität ihres Mannes in Frage stellt oder ob ihre Erziehung nichts genützt hat, sie meinen, daß sich die Anstrengungen nicht weiter lohnen, und sie ziehen sich aus der Beziehung zurück.

Eva Moore zum Beispiel befolgte den Rat ihres Mannes und entwickelte sich von einer «normalen Hausfrau» zu einer Karrierefrau, wie ihr Mann es gewollt hatte. Aber er war darüber nicht besonders glücklich.

«Ich hatte immer das getan, was man von mir erwartet hatte. Ich hatte eine gute Schule besucht. Michael war sehr attraktiv. Als wir uns kennenlernten, war ich Lehrerin in Chicago. Er hatte sein Jurastudium beendet und eine vielversprechende Zukunft vor sich. Nach der Hochzeit zogen wir in eine andere Stadt. Wir hatten ein Haus im Grünen, drei Kinder, erst einen, dann zwei Hunde, zwei Autos, gehörten zum Club. Es war wie im Bilderbuch, ein Leben wie im Märchen. Es war in den späten sechziger, frühen siebziger Jahren. Ich hatte die Kinder und das Haus, ein Dienstmädchen, meine Freundinnen. Michael war viel auf Reisen, aber, wenn ich so an die Zeit zurückdenke, er kümmerte sich eigentlich um alles. Ich entsprach zwar nicht dem Stereotyp der Hausfrau, die noch nicht einmal mit ihrem Scheckbuch klarkommt, aber ich war nicht weit davon entfernt. Und ich muß sagen, nach all den Entwicklungen, die Frauen durchgemacht haben, gibt es auch heute noch zu viele Frauen, die ein solches Leben leben. Dann, und ich weiß nicht so recht, warum, fing Michael an, mich zu drängen, weiterzustudieren. Er übte einen deutlich spürbaren Druck auf mich aus. Er meinte, ich sollte mein Diplom als Betriebswirt machen, und bemühte sich um die nötigen Formulare. Um ganz ehrlich zu sein, ich habe damals nicht viel über diese Entscheidung nachgedacht. Nicht daß ich sie bereue, aber es ist mir jetzt irgendwie peinlich, daß ich damals so wenig Eigeninitiative hatte. Aber das war für unsere Beziehung typisch. Und ich bin ganz sicher auch teilweise schuld daran, wenigstens was diesen Aspekt unseres Lebens anging. Es war ein typisches Lehrer-Schüler-Verhältnis. Aber egal, ich fing also wieder an zu studieren und bekam viele Ratschläge, Anweisungen, aber auch Unterstützung von Michael. Ich studierte gern, es machte mir viel mehr Spaß, als ich erwartet hatte, und ich war auch recht erfolgreich. Während dieser ganzen Zeit reiste mein Mann immer noch viel, spielte immer noch Golf und Tennis am Wochenende, obgleich er eigentlich, im Gegensatz zu mir, nicht besonders gern mit anderen Menschen zusammen ist. Aber er kann sehr charmant sein und ist in diversen Vorständen und

Gremien. Privat spricht er ziemlich abschätzig über andere. Niemand ist so intelligent wie er, vor allen Dingen ich nicht. Vielleicht sollte ich noch erwähnen, daß er nie damit einverstanden war, wie ich die Kinder erzog. Ich bin viel nachsichtiger als er. Die Kinder sind jetzt erwachsen, und ich habe ein sehr gutes Verhältnis zu ihnen. Er nicht, und das ist wirklich schade. Aber was ich eigentlich sagen wollte, sein Leben veränderte sich während meiner Studienzeit kaum, und ich mußte auch weiterhin tun, was ich bisher getan hatte. Nach meinem Examen machte er mir Vorschläge, was ich anfangen könnte. Ich glaube, das Geschäft, das ich jetzt habe, war ursprünglich meine Idee, aber er meint, es war seine. Ich eröffnete es 1977, und es wurde ein großer Erfolg.»

«Wie reagierte er denn auf Ihren Erfolg?»

«Also, ich will mich bemühen, da ehrlich zu sein, obgleich es weh tut. Ich muß es einfach sagen, er ist immer noch sehr negativ. Entweder mache ich etwas falsch, oder er hätte es zumindest besser machen können.»

Sie schwieg, und ich sah sie an. Bisher wußte ich noch nicht, was daran so schmerzhaft war. Eva schien zu wissen, was ich fragen wollte. Sie nickte und fuhr fort: «Ich glaube, ungefähr zu dem Zeitpunkt fing er etwas mit anderen Frauen an. Ich glaube, es waren bisher zwei, von einer weiß ich. Sie ist jung und hübsch, und wahrscheinlich hat er sie unter seine Fittiche genommen wie früher mich.»

Steven Galli ging nicht fremd, sondern er ließ sich von seiner Frau scheiden. Es begann seiner Ansicht nach damit, daß er seine Stellung verlor. Eine Entlassung kann das Selbstbewußtsein eines jeden unterminieren, aber für den Kümmerer-Typ Erzieher ist es eine besonders schmerzhafte Erfahrung. Sie trifft ihn da, wo er am verletzlichsten ist.

«Das ist wirklich das erste Mal, daß mir in meinem Leben etwas mißlungen ist, und es ist eigentlich das einzige Mal, daß ich mir wie ein Versager vorkam. Ja, vielleicht dann später noch die Scheidung, obgleich ich das, um ganz ehrlich zu sein, nicht wie ein Versagen empfunden habe. Es war mehr [er lacht] eine Befreiung, eine Erlösung... Es ist zwar nicht so, daß mir bisher immer alles im Leben gelungen ist, aber ich kannte keine entscheidenden Rückschläge. Aber diesmal hatte man mich vollkommen abgeschoben, und das hat mich wahnsinnig verletzt. Ich war eine ganze Zeitlang wie gelähmt, fühlte mich ohnmächtig. Was brauchte ich in einer solchen Zeit am dringendsten? Ich brauchte jemanden, bei dem ich mich aussprechen konnte. Jemanden, der meinen Schmerz verstand, mit dem ich über mein Unglück und meine Gefühle sprechen konnte. Aber ich hatte niemanden. Meine Frau war keine Partnerin, bei der ich mich aussprechen konnte. Unsere Kommunikation war, und wir waren zu der Zeit wohl 15 oder 17 Jahre zusammen, auf dem Nullpunkt angelangt. Sie konnte, wie soll ich sagen, meine Seele nicht heilen. Ich glaube, das war der Anfang vom Ende.»

Da bin ich anderer Meinung. Der Anfang vom Ende war Stevens Entscheidung für eine Frau, die er als bedürftig und abhängig einschätzte. Das Ende war schon vorgezeichnet durch das, was sich in den knapp zwei Jahrzehnten zwischen ihnen abspielte: zum Beispiel Stevens Entschluß, sie zu heiraten; sein Drängen, daß sie eine Ausbildung machen sollte, um, wie er sagte, etwas aus sich zu machen; gleichzeitig aber sein Wunsch, sie in ihrer unterwürfigen Stellung zu halten. Das Ende war bereits unvermeidlich, als Stevens Frau die Passivität abschüttelte und sich nicht mehr von Steven «leiten» lassen wollte.

Ihre Unfähigkeit, ihm in seiner großen Krise beizustehen und «seine Seele zu heilen» (das heißt, eine magische Heilsalbe aus ihrem weiblichen Schatz hervorzuholen, um seine Schmerzen zu lindern), was er als Anfang vom Ende bezeichnet, war eigentlich nur ein weiterer Meilenstein auf dem Weg, den er und seine Frau vor beinahe zwanzig Jahren eingeschlagen hatten. Die Frau, die sie zum Zeitpunkt seiner Krise war, war ein Mensch, den Steven Galli als Kümmerer vom Typ Erzieher selbst mitgeformt hatte.

Männer mit diesem Syndrom lassen sich immer wieder auf Beziehungen ein, die enttäuschen müssen. Tragischerweise hängt ihr eigenes Selbstwertgefühl davon ab, daß sie Frauen zu größeren Leistungen anspornen. Ob sie bei der Frau damit Erfolg haben oder nicht, ist nahezu nebensächlich. Wenn die Frau sich leiten läßt und ihre Fähigkeiten und damit ihr Selbstbewußtsein entwickelt, wird sie zu einer zu großen Bedrohung für seine Autorität. Wenn sie sich nicht leiten läßt, unsicher und naiv bleibt und keinen Erfolg hat, dann ist das seiner Meinung nach ein Beweis dafür, daß sie den weiblichen Schatz nicht besitzt. Eine solche Frau kann er nur noch verachten. Die Wahrheit ist natürlich, daß keine Frau ihrem Erzieher das sichere Gefühl von Kompetenz geben kann, nach dem er sich sehnt. Wie Steven Galli sagte: «Es ist ein richtiges Dilemma!»

Im Dienste der Frau: der Lanzelot – Frauen beeindrucken

Eine Zeitlang wußte ich nicht recht, was ich von Jack Able halten sollte. Er zeigte offensichtlich Anzeichen für das Kümmerer-Syndrom, aber ich konnte seinen Typus nicht einordnen. Allerdings machte ich mir keine besonderen Gedanken deshalb. Vor Jack hatte ich schon ungefähr 80 Männer und Frauen interviewt, und die meisten Männer waren eine Mischung aus Verehrer, Erzieher und Lanzelot; es gab nur wenige, die ganz eindeutig einen Typus verkörperten. Jeder Mann tendierte allerdings in seinem Umgang mit Frauen verstärkt zu einer der genannten Gruppierungen. Jede Frau konnte ohne Schwierigkeiten beschreiben, an welchem Kümmerer-Typus sich die Männer, mit denen sie zu tun hatte, am ehesten orientierten.

Zuerst klang Jack Able wie der typische Verehrer: «Lassen Sie mich ganz am Anfang beginnen, als mir nämlich bewußt wurde, daß es Beziehungen zwischen Männern und Frauen gab. Ich glaube, ich bin ein gutes Beispiel für einen Mann, der eigentlich in die vorige Generation gehört, als man Frauen noch auf den Sockel erhob. Während meiner Schul- und Universitätszeit war ich immer der Meinung, Frauen seien besser als Männer.»

Trotz dieser ersten Aussage wurde mir sehr bald klar, daß Jack nicht zu dem Typus Verehrer gehörte. Was er nämlich im späteren Verlauf des Interviews sagte, klang vollkommen anders: «Männer übernahmen im Verlauf der Geschichte die Leitung und Verwaltung der Gesellschaft. Die Frau sorgte für Haus und Familie. Ich glaube immer noch, daß die traditionelle Rolle der Frau auch heute von großer Bedeutung ist. Vieles hat sich in bezug auf die Stellung der Frau in der Gesellschaft geändert, aber mir scheint es immer noch sehr richtig, daß die Frau für ihre Familie ein gemütliches Zuhause schafft.»

In Jack Ables Welt sitzt die Frau im häuslichen Nest und sieht zu, wie aus Knaben Männer werden, die der natürlichen Ordnung folgend dafür sorgen, daß die Gesellschaft funktioniert. Jack Able hörte sich jetzt mehr an wie ein Kümmerer vom Typ Lanzelot.

Lanzelots nehmen die Dinge in die Hand, sie managen und beschützen. Sie messen sich mit anderen Männern, bemühen sich um prestigeträchtige Positionen und gehen Risiken ein. Sie wollen ihre Umgebung verändern, wollen ihr ihren Stempel aufdrücken, entweder durch Zerstören oder durch Aufbauen. Lanzelots wollen mit ihren Taten Frauen beeindrucken, wollen auf sich aufmerksam machen und das (sexuelle) Interesse von Frauen erregen. Sie hoffen, daß die Frau in ihnen auf Grund ihrer verwegenen Taten den mächtigen und deshalb, wie sie meinen, anziehenden Mann sieht, dem sie gern ihren Schatz schenkt. Solche Männer glauben, daß dem Gewinner die Siegesbeute zusteht, wobei die Frau die Siegesbeute ist. Frauen sind machtlose, passive Schachfiguren, die dem Ritter mit der siegreichen Lanze automatisch ihre magische Gabe, die Bestätigung seiner Männlichkeit, zukommen lassen.

Ein junger Schauspieler Anfang Zwanzig meinte: «Frauen fühlen sich von meinem Selbstbewußtsein angezogen. Ich kann sie beschützen. Erst letztes Wochenende saß ich mit einer Freundin auf einer Bank im Park. Nicht weit von uns standen ein paar Schwarze. Sie wissen vielleicht, wie schwarze Männer eine attraktive schwarze Frau manchmal schon mit Blicken vergewaltigen, wie die sexuelle Spannung wirklich spürbar ist. Aber das passiert nicht, wenn ich dabei bin. Ich wirke wie ein Puffer, wie ein Grenzpolizist. Ich achte darauf, daß die Grenzen nicht überschritten werden.»

Dienen

Ich fragte Jack Able, was ein Mann wohl tun müßte, um eine Frau für sich zu gewinnen.

«Einmal muß er wohl attraktiv sein, gut aussehen, dabei aber sensibel wirken. Ich war ein ziemlich hübsches Kind. Ich will nicht angeben, aber ich hatte so einen lateinamerikanischen Einschlag, und aus irgendeinem Grund mochten alle Mädchen mich. Schon mit fünf oder sechs wollten sie mit mir Doktor spielen. [Er lachte.] Mein Äußeres hat auch June angezogen. Daß andere Mädchen in mich verliebt waren, hat sie wohl auch beeindruckt.»

Kümmerer vom Typ Lanzelot machen viel von sich her. Sie produzieren sich vor der Frau, breiten ihre Waren aus und lauern auf ein bewunderndes Ja auf die Frage: «Bin ich nicht ein toller Mann?» Die Taten des Helden beruhen weder auf einem ausgeprägten Selbstbewußtsein noch auf einem sicheren Gefühl für die eigene Männlichkeit. Er nimmt die Dinge in die Hand, managt alles, schützt, geht Risiken ein und verändert die Welt, nicht aber, weil er sich als Mann so mächtig fühlt. Im Gegenteil, der Held hofft durch seine Taten in seiner eigenen Macht bestätigt zu werden. Er bringt diese Taten der Frau dar, hofft, daß sie sie annimmt und ihm dafür zur Belohnung eine immerwährende Bestätigung seiner Männlichkeit schenkt. Die

Ironie daran ist natürlich, daß seine Siege ihn nie zufriedenstellen. Da der Held von der Frau abhängig ist, die allein seine Macht als Mann bestätigen kann, wird er auch das Gefühl von Verletzlichkeit und Unsicherheit nicht los: Ist er denn auch wirklich erfolgreich und mächtig genug?

Jack Able fuhr fort, und er flüsterte, als wollte er mir ein Geheimnis mitteilen. «Ekstase, ja Ekstase, ich habe wirkliche Ekstase mit June kennengelernt. Manchmal, wenn ich sie in meinen Armen hielt, hatte ich das Gefühl, daß ich sie erobert hatte. Ein interessantes Wort; ich hatte sie nicht eigentlich erobert, das stimmt nicht ganz. Es war eher so, daß ich unter allen Bewerbern als Sieger hervorgegangen bin.»

Bei seinen Worten mußte ich automatisch an eine Gruppe von Männern denken, die um die Hand der edlen Jungfrau werben. Es klang sehr nach dem Kümmerer-Typ Lanzelot, und ich wollte ganz sicher sein. Also fragte ich nur: «Haben Sie denn intensiv um June geworben?»

«Aber sicher! Ich vollbrachte wagemutige Taten. Ich war sehr sportlich, außerdem fing ich mit Gewichtheben an und nahm auch wieder Tanzstunden. Ich war immer ein ziemlich guter Tänzer gewesen. Ich konnte auch gut singen, ja, ich gewann sie mit Tanzen und Singen!»

Das war eindeutig. Ich wollte jetzt mehr über seine ekstatischen Erfahrungen hören. «Sie sagten, Sie hätten das Gefühl von Ekstase kennengelernt?»

«Ich empfand Ekstase beim Zusammensein mit June. In diesem Zustand war ich irgendwie außer mir. Sie war dauernd in meinen Gedanken, ich sehnte mich ständig nach ihr, und das hielt nicht nur ein paar Monate an, sondern dauerte wohl drei Jahre. Und ich tat alles, nur damit June auf mich stolz sein könnte.

Ich bin richtig froh, daß ich mich einmal aussprechen kann, ich habe das schon lange nicht mehr gemacht. Sie sollte stolz auf mich sein. Ich wollte diese wunderbaren Augenblicke immer noch einmal erleben, diese großartigen Momente absoluter Seligkeit. Aber ich erlebe diese Augenblicke nicht mehr. Jetzt gibt es sie für mich nur noch in Träumen, ja, buchstäblich in Träumen.»

Auf meine Frage erzählte Jack mir von seinen Träumen. Davon später mehr. Etwas möchte ich jetzt hier festhalten: Lanzelots wie Jack Able bringen der «mächtigen, perfekten» Frau keine Opfer dar wie der Verehrer. Und sie wollen auch nicht wie der Erzieher eine irgendwie unvollkommene Frau zur Perfektion führen. Lanzelots produzieren sich vor der Frau. Sie spreizen ihre prächtigen Federn vor ihr, wollen die anderen Bewerber übertrumpfen und der attraktivste, aufregendste und interessanteste Mann sein. Auf diese Weise läuft ihr zweckgebundenes Geben ab. Der Macho-Held ist überzeugt, daß Frauen nur so zu beeindrucken sind. Frauen wählen doch immer den Sieger! Sie wollen «echte Männer», an deren Seite sie etwas darstellen können, sie wollen stolz auf den Mann sein, sich behütet fühlen und sich gleichzeitig in seinem Ruhm sonnen.

Helden glauben, daß sie die Frau durch Taten erobern können. Alles andere ergibt sich dann zwangsläufig von selbst. Von der Macht und der Potenz des Mannes überwältigt, wird sich die Frau ihm hingeben. Ein mächtiger Mann kann alles haben. Er kann sich bestätigt, als ganzer Mann, also einfach wunderbar fühlen. Jack Able träumte: «Ich kann mich nur schwach an die physische Seite der sogenannten feuchten Träume erinnern. Aber irgendwie war es so – ja, ich erinnere mich an einen, den ich immer wieder hatte. Ich konnte fliegen und sehe plötzlich unter mir dieses wunderbare Wesen. Ich fliege zu ihr hinunter und umschlinge sie mit meinen Armen und meinen Flügeln. Ich reibe meinen Körper an ihr, und wir verschmelzen miteinander. Und dann hatte ich eine Ejakulation. Aber es war eine unglaublich schöne, befriedigende Erfahrung.»

Lanzelots träumen von übermenschlicher Kraft. In ihren Träumen können sie auf ein wunderbares weibliches Wesen herabstoßen, es umfangen und mit ihm verschmelzen. Auf diese Weise die libidinöse Belohnung einer Frau zu erlangen erregt den Helden bis zum Orgasmus. Die erträumten Freuden sind nicht von langer Dauer, und wenn der Held in die Wirklichkeit zurückkehrt, kann er nur enttäuscht sein.

Vorwürfe

Das Lebensmotto des Verehrers ist: «Erfolg durch Opfer», das des Erziehers: «Erfolg durch Leiten», und das Motto unseres Lanzelot könnte lauten: «Erfolg durch Taten.»

Nummer eins sein

Mit seinen Leistungen will der Held an ein Ziel gelangen, was für ihn aber immer unerreichbar bleiben wird. Sein Geld, seine Trophäen, seine Muskeln, seine Autos und sein Ruhm sollen Frauen blenden und so beeindrucken, daß sie nicht anders können, als ihm zu Willen zu sein.

Für den Helden ist diese Art der Bewunderung sehr wichtig. Er ist allerdings nie zufrieden, kann sich nicht an seinen Leistungen freuen, kann nie glauben, daß er nun endlich dem undefinierbaren Standard der echten Männlichkeit entsprochen hat. Für den Helden gibt es immer noch einen weiteren Berg, der bestiegen, mehr Geld, was verdient, ein größerer Sieg, der errungen werden muß. Egal in welcher Arena dieser Wettkampf stattfindet, der typische Held kommt nicht los von dem Gefühl, daß irgendwann irgend jemand ihn vielleicht übertrumpfen könnte. Und dann wäre er nicht mehr die Nummer eins.

Verstehen Sie mich bitte nicht falsch, ich halte es für sehr positiv, wenn sich jemand um bessere Leistungen bemüht, aber nur, wenn auch der Weg dahin schon Freude macht und befriedigt. Wem es statt dessen bewußt oder unbewußt nur darum geht, mit dem Ergebnis seiner Bemühungen Frauen zu beeindrucken, der muß enttäuscht werden. Frauen lassen sich von einem solchen Verhalten nur selten auf Dauer blenden, und nie können sie den Helden mit dem Schatz belohnen, nach dem er sich so sehnt. Ich habe mehrere Kümmerer vom Typ Lanzelot kennengelernt, die ärgerlich waren, wenn die Frau sich nicht beeindrucken ließ und ihn nicht immer wieder darin bestärkte, daß er die Nummer eins sei.

Sol Edly zum Beispiel erzählte mir, daß er in seiner ersten Ehe die Rolle des Versorgers gespielt hatte. Auf meine Frage, wie er darauf käme, sagte er: «Also, ich bin von Natur aus ein sehr selbständiger Mensch, der sich vor Entscheidungen nicht scheut. Mein Vater hatte mir beigebracht, daß man auf seinen eigenen zwei Beinen stehen muß. Ich glaube, daß meine erste Frau bei unserem Kennenlernen von diesen Eigenschaften beeindruckt war, und ich fand das zweifellos angenehm. Sie suchte jemanden, der für sie sorgte, und das entsprach meinem Bedürfnis, meine Macht und Kraft zu beweisen.»

Für Lanzelots, im Gegensatz zu Erziehern, sind Frauen nicht wie ungeschliffene Diamanten, deren Fähigkeiten erst durch den Mann entwickelt werden müssen. Der Held glaubt, daß Frauen mächtige Männer brauchen, die für sie sorgen. «Das ist eine Aufgabe für einen Helden!» Die Vorstellung des Erziehers, eine Frau anzuleiten, damit sie mehr aus ihrem Leben machen kann, ist dem Helden fremd.

Natürlich sagte ich Sol Edly nichts davon, sondern fragte ihn, was denn der Lohn für seine Mühen gewesen sei. Er schwieg lange und sagte dann: «Ich hatte eine Frau, die gehorsam, freundlich, höflich und liebenswürdig war, wie man es von einem Menschen mit Kinderstube erwartet!» Er lachte.

Ich fragte: «Und war sie das wirklich?»

«Ja, eigentlich schon. Ich war kein Tyrann, aber ich hatte es gern, daß sie sich nach meinen Entscheidungen richtete. Nach der Ausbildung entschied ich, wo wir hinziehen würden. Es gab verschiedene Möglichkeiten, und sie wäre mit allem einverstanden gewesen. Das meine ich mit gehorsam. Sie war eine gute Hausfrau, sorgte immer dafür, daß die Mahlzeiten rechtzeitig auf dem Tisch standen, daß die Wäsche gewaschen und das Haus sauber war. Ich hatte eine wirklich gute Haushälterin in ihr.»

Sol Edly wollte damit sagen, daß seine Frau zwar eine Zeitlang in mancher Beziehung von ihm beeindruckt war und er die Hoffnung hatte, daß sie ihn endlich mit der definitiven Bestätigung seiner Männlichkeit belohnen würde. Aber er wurde enttäuscht. Sol verlangte etwas, was seine Frau ihm nicht geben konnte. Diese Enttäuschung müssen letzten Endes alle Helden erleben, die das Syndrom nicht durchschauen. Er stellte lediglich fest, daß sie ihn nicht mehr wie früher bewunderte. Er war für sie nicht mehr die Nummer eins.

«Die Kinder gingen ihr über alles, und das war dann auch der Grund, warum ich mich schließlich von ihr trennte. Die Belange der Kinder wurden immer wichtiger, und was ich brauchte und wollte, kam erst an zweiter Stelle. Als Mutter hatte sie ihren Lebenszweck gefunden, und ich spielte die zweite Geige. Ich hatte immer mehr das Gefühl, daß ich für all meine Bemühungen nicht genug zurückbekam.»

Der Lanzelot sagt zwar: «Du kannst gern ein Kind haben», oder heute sagt er vielleicht: «Du kannst gern einen Job annehmen.» Aber dahinter steht immer, meist unausgesprochen: «Das muß aber immer etwas Zusätzliches bleiben. Ich habe nichts gegen Kinder, Karriere oder auch beides, solange du deine Pflichten zu Hause und mir gegenüber nicht vernachlässigst, deren Erfüllung ich als die Nummer eins erwarten kann.»

Der Lanzelot und Erotik

Es ist erstaunlich, was für eine Vorstellung der Held von einer Frau hat! Frauen sind dumm und passiv, nur darauf programmiert, für die häuslichen Dinge zu sorgen und immer wieder von den Taten ihres Lanzelot beeindruckt zu sein. Dieses Frauenbild wird häufig in seinen sexuellen Phantasien deutlich. Eine Frau, gleichgültig, wo sie zu Hause ist und welche Sprache sie spricht, kann seine sexuelle Einstellung aus Bemerkungen ablesen, etwa, wenn sie an ihm auf der Straße vorbeigeht: «He, Süße, du willst es doch auch!» oder so ähnlich. Der Held erwartet, daß Frauen automatisch auf die Symbole seiner männlichen Macht reagieren, so wie Kinder, die automatisch erst einmal nett zu dem sind, der ihnen ihre Lieblingsbonbons geschenkt hat.

Und man kann wohl sagen, daß Sol Edly von seiner zukünftigen Frau bei ihrer ersten Begegnung von ihrem unausgesprochenen «He, Junge, du willst es doch auch!» (das er aus ihrem Verhalten heraushörte) angezogen war. «Wir lernten uns im College kennen, ich war zwei Jahre weiter als sie. Sie war attraktiv und nett. Aber ich hielt mich zurück, und sie war diejenige, die den ersten Schritt machte. Das hat mich beeindruckt. Sie sagte zu einem meiner Freunde, daß sie gerne mit mir ausgehen würde. Daraufhin rief ich sie an und verabredete mich mit ihr. Ich fand das gut so.»

Ich nenne die erotische Phantasie des Lanzelot die «Verführungs-/Vergewaltigungsphantasie». Sie läuft immer nach einem ähnlichen Schema ab. Der Mann verführt die Frau und muß dabei nicht selten gegen ihren Widerstand ankämpfen. Wenn er sie aber erst einmal soweit hat, ist die Frau von ihm so hingerissen, daß sie jetzt ihrerseits nicht mehr von diesem unwiderstehlichen, mächtigen Verführer lassen kann und ihn am liebsten vergewaltigen würde.

Ein Mann berichtet: «Ich war auf einer Geschäftsreise, in irgendeinem Hotel. Ich saß auf der Terrasse und war sehr mit mir zufrieden, weil mein Vortrag Anklang gefunden hatte. Da sehe ich diese Frau, nicht mehr ganz jung, Anfang Fünfzig, aber mit einer guten Figur, und ich hatte das Gefühl, daß sie mich beobachtete. So fing es an. Ich bin gut gebaut, habe immer Sport getrieben und Gewichte gehoben, und ich dachte, vielleicht würde sie gern mal mit einem jüngeren Mann zusammensein. Vielleicht würde sie gern mal einen jungen Körper spüren, Frauen sind manchmal so. Junge Männer können es besser.»

Er lachte, als wenn er das nicht ganz ernst meinte. Ich bat ihn, in der Beschreibung seiner Phantasie fortzufahren.

«Vielleicht würde sie sich später mit mir in der Bar unterhalten, und ich stellte mir vor, daß ich sie danach in ihr

Zimmer bringen würde. Das Radio ist an, und wir fangen an zu tanzen. Dann sagt sie gute Nacht, aber ich merke, daß sie es nicht ganz ernst meint. Ich sage nichts, sondern halte sie nur weiter in meinen Armen. Sie streicht mir über Schultern und Brust, vielleicht sagt sie auch nein, aber das klingt sehr halbherzig. Sie ist jetzt wirklich angetörnt. Ich halte sie fester, und dann kann sie sich nicht mehr zurückhalten und stürzt sich auf mich. Sie ist jetzt richtig sexhungrig und aggressiv, einfach toll.»

Etliche Kümmerer vom Typ Lanzelot beschrieben besondere sexuelle Erlebnisse oder auch erotische Träume, bei und in denen die Frauen die aktive Rolle übernahmen. Helden scheinen es gern zu haben, wenn die Rollen manchmal vertauscht werden, wenn die Frau mächtig und aggressiv ist und der Mann nur passiv teilnehmen muß. Natürlich würde er nicht wollen, daß jemand anderes ihn so passiv und abhängig erlebt, obgleich er sich vielleicht unter all seinem Macho-Gehabe oft so fühlt.

In der Verführungs-/Vergewaltigungsphantasie zeigt sich eine Einstellung des Mannes, die sich letzten Endes für ihn und auch für die Frauen in seinem Leben als tragisch erweisen muß. Das «He, Süße, du willst es doch auch» ist eine bösartig-falsche Behauptung. Die «Süße» ist schließlich eine erwachsene Frau, die meistens, wenn nicht immer, einen Partner sucht, mit dem sie Gemeinsamkeiten teilen kann, und die keinen Helden braucht, der sie sich durch seine einschüchternden Machtbeweise unterwerfen will.

Unterdrückung

Jack Able hatte die meiste Zeit seines Lebens versucht, Frauen durch Taten zu beeindrucken. «Also, um noch mal auf meine festen Beziehungen zurückzukommen. Es gab andere Frauen, mir fallen drei oder vier ein, die ich beinahe geheiratet hätte. Alle waren ausgesprochen hübsch, aber irgendwie hatte ich das Gefühl, ich hätte noch nicht genug geleistet. Ich glaubte, daß ich die Liebe und den Respekt dieser Göttinnen, mir fällt gerade kein besseres Wort ein, erst verdienen müsse. Und es gab Zeiten in meinem Leben, in denen ich diesen Respekt nicht verdiente. Und ganz tief drinnen wußte ich immer, daß ich Minderwertigkeitskomplexe hatte, die ich kaum in Worte fassen konnte. Eins ist sicher, ich verglich mich dauernd mit meinem Bruder. Mein Bruder war immer so fähig und aktiv und hatte ein unerschütterliches Selbstbewußtsein. Mein Bruder begriff und handelte schnell, ich war da langsamer. Und das wurde mir immer wieder bewußt. Als Kind und Jugendlicher war ich sehr, sehr unsicher. Ich konnte mich nur schlecht behaupten. Später aber machte ich auf alle einen sehr selbstbewußten Eindruck, merkwürdig, wo ich mich doch so ganz anders empfand. Wenn man Bemerkungen wegen meiner Selbstsicherheit machte, sah ich mich immer um, weil ich im ersten Moment nicht wußte, von wem die Rede war, ob sie nicht vielleicht von meinem Bruder sprachen. Und das hat meine Beziehungen zu Frauen auch sehr beeinflußt.»

Jack erklärte dann etwas genauer, was das mit seinen Beziehungen zu Frauen zu tun hatte. Er beschrieb, was es für ihn bedeutete, als sein Bruder aus dem Koreakrieg als Held heimkehrte. «Frauen fanden ihn sehr attraktiv. Ich sah all die Orden und Auszeichnungen, die er beim Militär bekommen hatte, und kam mir unbedeutend vor. Ich zweifelte an meiner Männlichkeit und mußte sie mir von Frauen immer wieder bestätigen lassen. Das war in der Zeit ganz wichtig.»

Männer mit Kümmerer-Syndrom vom Typ Lanzelot suchen in der Reaktion der Frau auf ihre Leistung eine Bestärkung in ihrer Männlichkeit. Wenn sich ein Mann aber unwürdig und wie ein Frosch vorkommt, dann können auch die Küsse der schönsten Prinzessin diese Selbstzweifel nicht auf die Dauer vertreiben.

Der Lanzelot erkennt nicht, daß er sich nach etwas sehnt, was ihm Frauen nicht geben können. Also macht er der Frau Vorwürfe, zu kalt, abweisend und lieblos zu sein, obgleich er sich doch so bemüht. Gleichzeitig aber ist er von seiner, wie er meint, mangelhaften Leistung enttäuscht. Da er auch diese Enttäuschung nicht ertragen kann, projiziert er sein Schuldgefühl auf die Frau. Durch sein tyrannisches Gehabe gelingt es ihm, die Frau dahin zu bringen, daß sie sich machtlos fühlt. Für eine kurze Zeit kann er sich jetzt stark fühlen. Alex Devils Geschichte illustriert diesen Punkt: «Ich brachte sie zum Weinen. Sie weinte leicht. Wurde wütend, manchmal heulen sie wie die Schloßhunde.» Mir fiel auf, daß er von der Einzahl auf die Mehrzahl übergegangen war, so als ob er sich bei Frauen häufiger ähnlich verhielt. «Zum Beispiel rief ich manchmal nicht an, obgleich ich es ihr versprochen hatte, und schimpfte dann: ‹Kontrollier mich nicht dauernd!› Oder manchmal weigerte ich mich, zu Einladungen zu gehen, obgleich wir zugesagt hatten. Meistens waren es irgendwelche blöden Sachen, aber es brachte sie zum Heulen.»

«Wann zum Beispiel passierte so etwas?»

«Kann ich nicht sagen.»

Ich ließ nicht locker: «Können Sie sich an eine bestimmte Situation erinnern?»

«Ja, als ich von meiner Beförderung erfuhr. Wir feier-
ten, oder ich wollte es wenigstens.»

«Was ist denn passiert?»

«Ach, es hat alles nicht geklappt. Sie – ist ja auch egal.
Da schuftet man sich ab, will alles gut machen, genug Geld
verdienen, ihr ein gutes Leben bieten, daß sie stolz sein
kann, baut ein Haus im Grünen, tritt dem Club bei, und
dann kriegt man nichts, aber auch gar nichts zurück. So
als ob das alles gar nichts bedeutet. Sie war eine kalte
Ziege.»

Bei einem späteren Einzelinterview sagte Alex Devils
ehemalige Frau: «Mein Gott, er war immer so von sich
überzeugt, so aufgeblasen, so als ob man schon dankbar
sein sollte, im selben Zimmer mit ihm zu sein. Es macht
mich jetzt noch wütend. Wenigstens an dem Abend, als er
die Beförderung feiern wollte, hatte ich mal wieder die
Nase voll. Ich freute mich wirklich für ihn, aber ich wollte
nicht immer nur von seinem Kram hören, wollte auch mal
sagen, wie mein Tag gewesen war. Ich weiß nicht, ob er
sich jemals für mein Leben interessiert hat, in all den Jahren. Ich glaub's nicht, er war immer nur mit sich selbst
beschäftigt.»

Ich fragte Alex, welche Reaktion er sich denn von seiner
Frau erhofft hatte. Er sagte: «Also Mensch, das war doch
nun wirklich eine ganz besondere Leistung, vor allen Dingen zu der Zeit in unserem Leben. Sie wissen schon, wie
eine Frau darauf reagieren sollte. Es ist doch eine große
Sache. Wie soll ich sagen? Nicht unbedingt mit Dankbarkeit soll sie reagieren, sondern eher mit Freude, mit Begeisterung. Es war doch schließlich offensichtlich, wie sehr
ich mich angestrengt hatte.»

Als ich später mit ihm über das Kümmerer-Syndrom
sprach und darüber, daß Männer sich immer etwas von
Frauen erhoffen, was Frauen nicht geben können, meinte

er nur traurig: «Ich wünschte, das hätte mir mal jemand früher gesagt.» Als ich erfuhr, wie die Sache ausgegangen war, wünschte ich das auch.

«Ich fühlte mich elend und war deprimiert. Und ich habe meine Enttäuschung wohl an ihr ausgelassen. Ja, das war nicht gut.»

«Was ist passiert?»

«Ich wurde handgreiflich, ich habe sie geschlagen.»

Und seine Frau sagte: «Er wurde gewalttätig. Er hatte schon früher mal Ausbrüche gehabt, aber nie so schlimme. Ich hatte Angst. Aber diesmal ließ ich es mir nicht mehr gefallen. Ich packte meine Sachen und ging. Ich glaube ehrlich nicht, daß er mich dazu für fähig gehalten hatte. Und ich glaubte es selbst kaum. Aber ich tat es und verließ ihn.»

Die Erziehung des Kümmerers

Zeit:
Juli 1989, Abenddämmerung

Ort:
Elternabend im Ferienlager. Ein Lagerfeuer brennt, die
Eltern sitzen in einem großen Halbkreis darum herum.
Hinter dem Feuer bildet ein duftender Blütenbusch und
dahinter eine Wand von hohen, dunklen Bäumen eine na-
türliche Kulisse für die Vorführungen der Kinder.

Beobachtung:
Jeder Erzieher stellt sich und seine Gruppe (die «Graziö-
sen Gemsen» oder die «Lauernden Luchse») vor. Dann
soll jedes Kind vor den versammelten Eltern seinen Namen nennen. Die Mädchen treten, eins nach dem anderen,
vor und sagen ihren Namen, häufig schüchtern und so
leise, daß man sie kaum bei dem Zirpen der Grillen und
dem Rauschen der Bäume verstehen kann. Dann sind die
Jungen an der Reihe. Jeder versucht seinen Namen noch
lauter herauszuschreien als sein Vorgänger. Als der sechs-
jährige Donald so laut kreischt, daß einige der Zuschauer
zusammenzucken, sagt seine Mutter, die eine Reihe hinter
mir sitzt, mit hörbarem Stolz: «Ja, das ist mein kleiner
Mann!»

Zeit:
Juni 1989, später Nachmittag

Ort:
Schulpicknick im Park, Grundschüler und ihre Eltern

Beobachtung:
Die Eltern säubern den Picknickplatz nach dem Essen. Eine Gruppe von Mädchen übt einen Tanz ein, den sie den Eltern vorführen will. Ein paar Mädchen vergnügen sich beim Seilspringen, andere werden von Jungen gejagt, die mit ausgestreckten Armen hinter ihnen herlaufen. Einige Jungen und Mädchen sind auf einen Baum geklettert. Viele der Jungen sitzen hoch in den Zweigen und fordern die anderen auf, es ihnen nachzutun. Sie machen sich über die Zögernden lustig: Sie könnten wohl nicht, oder sie hätten wohl Angst. Eine andere Gruppe, die nur aus Jungen besteht, spielt unter großem Geschrei und Geschimpfe Fußball. Ein Vater nimmt seinen Sohn zur Seite, und ich kann hören, wie er leise, aber energisch zu ihm sagt: «Du strengst dich einfach nicht genug an!»

Zeit:
Herbst 1988

Ort:
Ein Spielplatz in einem Vorort

Beobachtung:
Eine Mutter sitzt auf einer Bank, blättert in einer Zeitschrift und blickt hin und wieder zu ihren Kindern hinüber, die «Fallschirmspringen» spielen. Der Junge ist etwa fünf Jahre alt, das Mädchen zwei oder drei Jahre älter. Beide sind auf ein Klettergerüst geklettert, legen einan-

der die Arme auf die Schultern und springen gemeinsam in die Sandkiste. Siebzehnmal geht es gut, beim achtzehnten springen sie nicht gleichzeitig, fallen beim Auftreffen übereinander und stoßen sich Ellenbogen, Knie und Kopf so stark, daß beide weinen. Die Mutter springt auf und läuft zu den Kindern hinüber. Sie legt ihren rechten Arm um Jacqueline, die ihr Gesicht schluchzend an Mutters Schulter preßt, und klopft ihr beruhigend auf den Oberarm. Sie faßt Jimmy mit der anderen Hand bei der Schulter und schüttelt ihn ein bißchen. Mit leicht erhobener Stimme sagt sie zu ihrem Sohn: «Sei mein großer Junge, Jimmy. Jungen weinen nicht.»

Prinzen in Frösche verwandeln

Jimmy und die anderen Jungen, die ich beobachten konnte, lernten schon früh, worin die männlichen Fähigkeiten und Kompetenzen bestehen: Männer sind immer Sieger, Männer haben das Sagen, sind unabhängig, stark, mutig, selbstsicher und entscheidungsfreudig. Sie beschützen, sind im allgemeinen zu laut, manchmal unartig und selten sensibel.

Die geschilderten Fälle illustrieren Ergebnisse von Untersuchungen Tausender von Kindern, die man nach streng objektiven Kriterien ausgewertet hat.

▪ Eltern fordern ihre Söhne dazu auf, aggressiv zu sein, bezeichnen ein solches Verhalten als mutig und dynamisch und geben ihnen stolz Spitznamen wie Tiger oder Bomber. Wenn die Tochter sich aber ebenso verhält, dann gilt ihr Verhalten als Kompensation für Nervosität oder Unsicherheit, das verändert werden muß.

▓ Mütter und Väter setzen ihre Söhne stärker unter Leistungsdruck. Weibliche Babys werden schneller und ausdauernder getröstet als männliche Babys. Die Botschaft ist auch hier schon: «Mein Junge, du mußt lernen, etwas auszuhalten.» Jimmy erfuhr schon früh, daß Weinen ihm nur eine versteckte Kritik an seiner Männlichkeit einbrachte, während seine Schwester getröstet wurde.

▓ Kleine Mädchen sind emotionaler als kleine Jungen.

Kritiker dieser letzten Behauptung haben darauf hingewiesen, daß die meisten Befragungen über Fragebögen ablaufen, die die Betreffenden selbst ausfüllen müssen. Sie haben solche Fragen sicher auch schon gesehen: «Wie oft weinen Sie (oder sind Sie nervös, oder haben Sie Angst), auf eine Skala zwischen 1 und 10 bezogen?» Oder «Wie verhalten Sie sich, wenn...?» Die Kritiker meinen, daß unterschiedliche Aussagen von Männern und Frauen auch damit zusammenhängen könnten, daß Männer bestimmte Reaktionen seltener zugeben wollen als Frauen. Wenn man sie direkt beobachten könnte, dann würden unterschiedliche Verhaltensweisen zwischen den Geschlechtern kaum feststellbar sein.

In bezug auf das Kümmerer-Syndrom ist es gleichgültig, ob die Antworten die Erfahrungen von Männern und Frauen korrekt wiedergeben oder nur ein Zeichen dafür sind, daß Männer weniger gewillt sind, Angst und ähnliche Gefühle zuzugeben. In jedem Fall können wir daraus ablesen, unter welchem Druck Männer stehen: Ob in ihren tatsächlichen Erfahrungen oder in ihrer Selbstdarstellung, Männer müssen immer dem stereotypen Bild des Mannes entsprechen, der ganz bestimmte Fähigkeiten und Kompetenzen besitzt.

Das Problem ist nur, daß kleine Jungen wirklich weinen. Ebenso haben sie manchmal einfach Angst, in die höchsten Wipfel zu klettern, und manche sind auch nicht besonders sportlich. Es kann ebenso passieren, daß sie nicht so laut schreien können wie andere Jungen. Beim Märchenlesen, beim Anschauen von Filmen und beim Fernsehen versuchen sie sich zwar mit dem Helden zu identifizieren, der sich vor Riesen und Drachen nicht fürchtet und jeden Unhold besiegt. Wenn sie dann aber hinterher allein den unbeleuchteten Flur hinuntergehen müssen oder eine Schranktür in einem dunklen Zimmer halb offen steht, dann haben auch kleine Jungen eher Angst als Mut.

Ebenso haben kleine Jungen Angst, wenn ihren Eltern etwas passiert, wenn sie krank werden oder sich verletzen. Sie fürchten sich vor dem brutalen Mitschüler ebenso wie vor einem ärgerlichen Lehrer. Ja, kleine Jungen weinen wirklich, und ihr Leben ist voll von Gedanken, Gefühlen und Reaktionen, die an den Maßstab des idealen Mannes mit seinen besonderen Fähigkeiten und Kompetenzen bei weitem nicht heranreichen. Kleine Jungen wissen das, und solange sie glauben, daß diese Maßstäbe wirklich ein Ziel darstellen, das sie erreichen müssen, haben sie immer wieder Zweifel an sich selbst.

Es könnte ihnen helfen, wenn sie mit Erwachsenen oder mit ihren Freunden darüber sprechen könnten. Vielleicht würde ihnen dann jemand sagen, wie unrealistisch diese Erwartungen wirklich sind. Aber Jungen können nur schwer über ihre Gefühle sprechen. Ein Junge meint immer, seine Selbstzweifel verstecken zu müssen, denn Unsicherheit und Angst passen nicht zu dem Idealbild des unerschrockenen Mannes.

Der folgende Ablauf, der als Muster für viele Märchen gelten könnte, gestaltet sich geradezu tragisch: Die Erwartungen, daß der Junge in jeder Hinsicht überragend wird –

ein mutiger Märchenprinz –, legt Maßstäbe an, die unmöglich erreicht werden können. Das Versagen des Jungen ist bereits programmiert. Wenn es eintritt, hat er den Eindruck, gegen wichtige Regeln verstoßen zu haben. Er fühlt sich unzulänglich und minderwertig, mehr als Frosch denn als Prinz.

Maurice Mandar (Kümmerer-Syndrom vom Typ Erzieher) erklärte mir sein Verhalten zu seiner ersten Frau: «Ja, das Ganze hat eine Menge mit meiner Mutter zu tun. Sie gehörte zu denjenigen, die nie studiert hatten, es aber immer wollten. Ich glaube, sie wäre am liebsten Ingenieurin geworden. Sie heiratete einen Mann, der neben seiner Arbeit zwei Jahre lang noch ein paar Collegekurse belegt hatte, und irgendwie fühlte sie sich ihm immer intellektuell überlegen. Ihr Interesse an meinen schulischen Leistungen hatte etwas mit Ersatzbefriedigung zu tun, sie kümmerte sich für meinen Begriff viel zu sehr um alles. Sie wollte immer genau wissen, was wir durchgenommen hatten, und als wir in der Oberschule Fächer wie Integralrechnung hatten, von denen sie keine Ahnung hatte, wollte sie mit mir zusammen lernen.»

Viele Männer, die ich interviewte, hatten den Eindruck, daß ihre Mütter von ihren Männern etwas erwarteten, was diese ihnen nicht geben konnten. Oder sie hatten früher geglaubt, daß ihren Müttern immer etwas vorenthalten worden war, zweifelten aber jetzt daran. Andere meinten, daß ihre Mütter diese Bedürfnisse immer noch hatten. Maurice glaubte, daß seine Mutter über ihn zu bekommen hoffte, was ihr fehlte. Ich hakte nach und fragte, ob er sich als ihr Erzieher gefühlt hatte.

«Ja, in gewisser Weise schon. Das Verhältnis war aber nicht ganz einseitig. Ich war noch ein Kind, das auch hin und wieder Hilfe brauchte, und die bekam ich von ihr. Ich ging auf eine Schule mit ziemlich hohen Anforderungen und kam von einer Grundschule, die alles andere als schwierig gewesen war. Da geriet ich in Panik. Ich hatte noch nie so hart arbeiten müssen, und meine Mutter gab mir viel Unterstützung. Sie tröstete und ermutigte mich und sagte mir immer wieder, daß ich es schaffen würde. Und das hat mir sehr geholfen. Als ich mich dann aber an die höheren Ansprüche gewöhnt hatte und wußte, daß ich es gut schaffen würde, von da an hatte ich immer das Gefühl, daß ich sie nun in die große weite Welt mit hinausnehmen müßte. Ich kam mir vor wie Marco Polo, der zu dem ‹Venedig seiner Familie› zurückkehrte.» Er verbesserte sich, «sein Venedig» sei für ihn nicht die ganze Familie, sondern nur seine Mutter gewesen. «Niemand kümmerte sich sonst darum. Sie freuten sich zwar, daß ich gut zurechtkam und daß es mir auch gefiel, ließen mich aber sonst in Ruhe. Nur meine Mutter wollte immer alles genau wissen.»

Ob seine Mutter nicht von ihm die Befriedigung von Bedürfnissen verlangte, die woanders ignoriert wurden, fragte ich jetzt.

«Ja, das stimmt. Ich kann mich noch genau an Situationen erinnern, die mir als sehr frustrierend in Erinnerung geblieben sind. Ich ging noch nicht einmal zur Schule, sondern spielte auf dem Küchenfußboden. Meine Mutter brachte dann das Bügelbrett in die Küche, begann zu bügeln und sprach mit mir über meine Zukunft.» Ich erwähnte wieder die Erwartungen, die sie an ihn hatte. Er fuhr fort: «Ja, sie haben mir angst gemacht. Gleichzeitig aber war ich stolz, daß man mich für so fähig hielt. Besonders meine Mutter baute mein Selbstbewußtsein auf, indem sie mir immer sagte, wie klug und geschickt und sensibel und was sonst noch alles ich sei; es konnte einem wirklich zu Kopf steigen. Gleichzeitig aber hatte ich immer das Gefühl, daß ich kurz davor war, so richtig erstklassigen Mist zu bauen.»

Wenn ein potentieller Prinz den hohen Standard des echten Mannseins verletzt, indem er sich wie ein unbeholfener Frosch benimmt, dann kann man vermutlich mit Recht sagen, daß er erstklassigen Mist gebaut hat.

Dad war auch ein Frosch

Sol Edly (Kümmerer vom Typ Lanzelot) meinte im Hinblick auf seine Eltern: «Meine Mutter kam mir nie richtig glücklich vor. Sie jammerte nur immer, daß alles nach Dads Nase gehen mußte. Sie hat allerdings auch nie versucht, an diesem Zustand irgend etwas zu ändern, sondern hat akzeptiert und sich beklagt... Viel später, als wir Kinder alle schon erwachsen waren und ich auch nicht mehr zu Hause lebte, sprach sie noch offener mit uns über seine Fehler. Im wesentlichen ging es darum, daß er immer alles bestimmte und entschied. Sie erklärte es jedesmal damit, daß man ihn schon als Kind und Jugendlichen verhätschelt hatte und daß er es nun einmal so gewohnt war.

Mein Vater lebt nicht mehr, und meine Mutter ist nun allein und scheint sehr zufrieden mit ihrem Leben zu sein. Sie hätte das natürlich schon längst haben können. Warum hat sie sich nicht durchgesetzt? Ich weiß es nicht. Allerdings hat sie in den letzten Jahren ihrer Ehe schon hin und wieder gegen meinen Vater rebelliert, hat nicht immer alles getan, was er wollte. Wenn ich dann mal nach Hause kam, hatte ich lange Gespräche mit meinem Vater. Ich wurde irgendwie in die Rolle des Beraters gedrängt. Es war erstaunlich. Was mich aber vor allen Dingen überraschte, und ich will da nicht übertreiben, war die Feststellung, daß ich mich in meinem eigenen Leben doch sehr ähnlich wie mein Vater verhalte.»

Männer ahmen oft das Verhalten ihrer Väter nach, selbst wenn (oder vielleicht gerade wenn) sie es nicht für richtig halten. Einer der Gründe dafür ist natürlich, daß der Vater für seinen kleinen Sohn das wichtigste und manchmal einzige Vorbild im Hinblick darauf ist, wie Männer mit Frauen umgehen.

Väter sind auch Männer, und in ihrem Umgang mit Frauen beherrschen, kritisieren und belehren sie sie. Sie sind immer damit beschäftigt, Geld zu verdienen, gehen in ihrem Beruf auf, kümmern sich um ihre Eltern, begeistern sich für Sport, Hobbys, Fernsehen und andere Frauen. Statt mit ihrer Frau etwas *zusammen* zu tun, tun sie etwas *für* sie, wollen etwas *zu ihrem Besten* tun oder wollen *sie beeindrucken*. Wenn der Vater also unter dem Kümmerer-Syndrom leidet, dann übernimmt der Sohn nicht selten die Symptome.

Väter können noch auf eine andere, subtilere Weise dazu beitragen, daß ihre Söhne zu Kümmerern werden: Söhne haben häufig den Eindruck, daß Väter für die Unzufriedenheit der Mütter verantwortlich sind. Ein Sohn erlebt, wie seine Mutter Aufgaben und Pflichten übernimmt, die Energie und Zeit kosten, was bedeutet, daß er, der Sohn, die emotionale Zuwendung der Mutter seltener erhält, als er möchte. Sind die Eltern wirklich für den Eindruck verantwortlich, den der Sohn vom Leben der Mutter gewinnt? Manchmal schon: Mutters stille Verzweiflung oder auch ihr Deutlichmachen von ungestillten Bedürfnissen sind nicht selten die Folge von Schwierigkeiten in der Ehe. Eltern sind aber nicht immer so offensichtlich schuld daran, wie der Sohn die Welt der Mutter einschätzt. Manchmal überinterpretieren Söhne auch ganz normale Geschehnisse. Sie können sich größer und wichtiger vorkommen, wenn sie das Gefühl haben, daß sie und nicht der Vater die (wie sie glauben, vorhandenen) Bedürfnisse der Mutter erfüllen können.

Mutter ist also vielleicht nur ein Objekt der Phantasievorstellung, die der Sohn sich vom Leben seiner Mutter macht. Das Ergebnis ist immer, daß er glaubt, die Entbehrungen der Mutter benachteiligten auch ihn, und er müsse daran etwas ändern. Der kleine Junge weiß also genau, was zu tun ist: Wenn ich meiner Mutter geben kann, was sie vom Vater nicht bekommt, dann wird sie unbelasteter sein und kann mich mit ihrer Zuwendung belohnen.

Jack Able (Kümmerer vom Typ Lanzelot) sagt dazu: «Mein Vater war immer ein starkes männliches Vorbild, ja, er war eigentlich zu sehr Macho. Meine Mutter hatte manchmal Angst vor ihm. Mein Vater war der Inbegriff des traditionellen Mannes, er war autoritär und einschüchternd. Er sprach mit erhobener Stimme, und ich mußte still sein. Man konnte meinem Vater nicht widersprechen. Ich hatte Angst vor ihm. Meine Mutter war verantwortlich für die Vorstellung, die wir von der Zukunft hatten, ob zu Recht oder zu Unrecht. Sie war von einer Aura umgeben, die mit ihrer Herkunft, mit ihren Träumen und der Enttäuschung zusammenhing, daß sie diese Träume in ihrem Leben nicht wahr machen konnte. Ihre Hoffnungen konnten einfach nicht erfüllt werden, das war ausgeschlossen. Als Kind stand ihr noch alles offen, aber sie heiratete den verkehrten Mann, der weniger Geld hatte und weniger gebildet war als sie. In der Beziehung zu ihm konnte sie sich nicht weiterentwickeln, also versuchte sie, über uns, ihre Söhne, weiterzukommen.»

Samstag morgens, wenn der Mann nicht zu Hause war, saßen die Söhne bei ihr im Bett, und sie unterhielt sich mit ihnen. Im Verlauf dieser Gespräche erfuhren sie auch von ihren Träumen und Enttäuschungen.

«Die Familie meiner Mutter gehörte der Oberschicht an. Mein Vater kam aus sehr viel kleineren Verhältnissen. Die Verwandten meiner Mutter waren sehr reiche und mächtige Leute.»

Jack erzählte mir, daß es eine Stadt gab, die den Familiennamen der Mutter trug. «Sie waren dort schon seit mehr als hundert Jahren als Gutsbesitzer ansässig. Die Familie hatte auch Botschafter hervorgebracht. Das hört sich jetzt alles so angeberisch an, ich meine es aber nicht so. Ich glaube, wichtig ist, daß es etwas gibt, auf das man stolz sein kann, wenn es mal schlecht für einen läuft, und daß man das nicht verlieren darf. Davon wird dann auch irgendwie die Mann-Frau-Beziehung beeinflußt. Weil meine Mutter so wichtig für uns war, waren auch unsere Erwartungen und Träume sehr von ihren Wertvorstellungen geprägt.»

John Nobleman (Kümmerer vom Typ Verehrer) meinte zum Thema Familie: «Meine Eltern waren schon früh geschieden, und meine Mutter zog mich und meine drei Geschwister allein groß. Nach dem Schulabschluß besuchte ich meinen Vater, bevor ich zum Militär ging, danach vergingen zehn oder fünfzehn Jahre, bis ich ihn wiedersah. Als ich verheiratet war und ein Kind hatte, besuchte ich ihn, um ihm seinen Enkel zu zeigen. Er starb etwa vier Monate später, und wir hatten nie Gelegenheit, eine gute Beziehung aufzubauen.»

Ich fragte, wie es gewesen sei, nur bei der Mutter aufzuwachsen. «Meine Mutter war wie ein Fels in der Brandung. Also wirklich, sie arbeitete sehr viel, versuchte uns gut zu erziehen und war auch noch aktiv in der Gemeinde. Sie war erstaunlich. Ich habe keine Ahnung, wie sie das alles schaffte.»

Kümmerer sprechen häufig bewundernd von ihren Müttern, obgleich sie überzeugt sind, daß die Mutter furchtbar viel erwartete und auch mit ihrem Los überhaupt nicht zufrieden war. Dieser scheinbare Widerspruch erinnert mich immer an die Märchen zum Thema «Tier als Bräutigam» wie zum Beispiel Froschkönig. In diesen Geschichten ist der Prinz in ein Tier verwandelt worden, meistens von einer alten Zauberin oder Hexe, die aber für diese böse Tat nicht bestraft wird. Es ist auch selten klar, warum sie den Prinzen verzaubert hat. Wahrscheinlich hat er in ihren Augen irgend etwas begangen, wofür er bestraft werden muß. Ich fragte John also: «Was bedeutete es denn für Sie, daß Ihre Mutter so viel arbeitete und viel Zeit für die Gemeinde aufbrachte?»

Aus seiner Antwort spricht deutlich, daß er sich vernachlässigt fühlte: «Ich glaube, anfangs war mir nicht so klar, wie eisern sie ihre Ziele verfolgte. Ich fand sie ziemlich streng und hatte den Eindruck, daß sich ihr ganzes Denken nur um die Familie und um Geld drehte. Wir mußten immer zu Hause mithelfen, schon als ich noch ganz klein war, mußte ich meinen Teil tun. Mit vier oder fünf trug ich schon Zeitungen aus. Später arbeitete ich am Wochenende in einem Supermarkt. Seit ich neun oder zehn war, habe ich mir das Geld für meine Kleidung selbst verdient, bezahlte das, was ich für die Schule brauchte und so. Sie mußte mir nur sehr selten Geld geben. Ich habe sie sogar finanziell unterstützt, als ich beim Militär war. Zu der Zeit wurde mir auch klar, daß ich nach meinem Militärdienst zum College gehen wollte, dazu brauchte ich eine ganze Menge Geld. Ich kaufte also festverzinsliche Wertpapiere, die auf mich und zur Sicherheit auch auf meine Mutter ausgestellt waren, und schickte sie nach Hause. Vielleicht war es schon vor dem Ende meines Militärdienstes oder vielleicht kurz danach, als ich entdeckte, daß die Wertpapiere, mit denen ich mein College bezahlen wollte, nicht mehr vorhanden waren. Ich war also pleite.»

«Ihre Mutter hat das Geld verbraucht? Hat sie die Papiere verkauft?»

«Ja, sie brauchte das Geld, und ich konnte ihr deshalb auch nicht böse sein. Aber eigentlich wollte ich wütend sein.»

«Sie wollten es, aber konnten es nicht?»

«Ja, ich konnte nicht böse auf sie sein.»

John Nobleman, Jack Able, Sol Edly und Maurice Mandar gehören unterschiedlichen Generationen an. Sie unterscheiden sich nach ihrer Herkunft und Religion. Eins aber ist allen gemeinsam: Sie zeigen alle vier Anzeichen für das Kümmerer-Syndrom. Jeder von ihnen war mit dem leisen Klagen der Mutter aufgewachsen, und jeder von ihnen handelte, als ob die Mutter von ihm Ersatz für das erwartete, was das Leben ihr vorenthalten hatte. Mit dem sehr begrenzten Verständnis des kleinen Jungen davon, was die Mutter vom Vater wollte, versuchten John, Jack, Sol und Maurice ihr zu geben, was sie brauchte.

Leider weiß ein kleiner Junge nur wenig von einer Liebesbeziehung, die auf Respekt, Ermutigung, Unterstützung, Ehrlichkeit und Vertrauen beruht. Statt dessen glaubt er, daß Mutters Entbehrungen (und damit auch seine eigenen) aufgehoben werden, wenn er ein braver Sohn ist, der für sie sorgt (der Verehrer, der etwas für sie tut), ein kluger Junge, der ihr Ratschläge gibt (der Erzieher, der etwas zu ihrem Besten tut), oder der starke Junge, der auf sie aufpaßt und sie beschützt (der Lanzelot, der sie beeindruckt).

Dieses verzerrte Bild von der komplizierten Welt der Mann-Frau-Beziehungen beeinflußt den Jungen in seinen Bemühungen und ist dafür verantwortlich, daß sie erfolglos bleiben müssen. Was die Mutter beim Vater vermißt (wenn ihr wirklich etwas fehlen sollte), kann ihr der Sohn nicht ersetzen. Trotz seiner Anstrengungen wird sie weiterhin unzufrieden bleiben. Keine seiner Bemühungen kann ihm die unerreichbare, magische Erleichterung bringen, nach der er sich so sehnt. «Ich konnte sie nie froh machen. Sie schien nie zufrieden zu sein.» Und damit schließt sich der Kreis: Nach jeder seiner vergeblichen Anstrengungen fühlt er sich nur noch ungeschickter und abstoßender und braucht die erlösende, reinigende Belohnung der Frau nur noch um so verzweifelter.

Unabhängig abhängig

Wenn sich dieser Teufelskreis erst einmal geschlossen hat, wird das Leben des Mannes ständig vom Kampf zwischen Abhängigkeit und Unabhängigkeit geprägt sein. Der Junge glaubt, daß er ein Mann werden soll; ein Mann ist unabhängig, selbstsicher, stark, klug, tatkräftig und kann immer für eine Frau sorgen. Aber der Junge fühlt sich keineswegs selbstsicher und stark. Er zweifelt an sich selbst, denn Mutter ist immer noch unglücklich. Trotz seiner Bemühungen wird er nicht durch die befreiende Umarmung der Mutter erlöst, die allein ihm seine Unsicherheit nehmen kann. Er hat es nicht geschafft, das Richtige für sie zu tun. Er weint. Und was noch schlimmer ist, manchmal möchte er nur, daß jemand für ihn sorgt.

Das Kümmerer-Syndrom verspricht als Lösung etwas Unmögliches: ein Mann könne unabhängig abhängig sein. Wie? Indem er die Illusion von Überlegenheit bewahrt und für die Frau sorgt, während er gleichzeitig ihr Bittsteller wird, in der Hoffnung, die Bestätigung seiner

Männlichkeit zu erhalten, die seiner Meinung nach nur von ihr kommen kann. Der Herr ist Diener und der Diener Herr.

Das Kümmerer-Syndrom erleichtert zwar kurzzeitig die schmerzhaften Symptome, während das Problem aber weiterschwärt. Das Syndrom ist ein Betäubungsmittel gegen Streß, kann aber den unterschwelligen Konflikt nicht lösen, der durch die scheinbar widersprüchlichen, unvereinbaren Wünsche nach Unabhängigkeit und Abhängigkeit gegeben ist. Aus dem Jungen wird ein Mann, ohne daß dieser Widerspruch aufgehoben wurde, der schließlich zum großen Hindernis für befriedigende, tiefe Beziehungen zu Frauen wird.

Willy Bethair erzählte mir am Anfang unseres Gesprächs von seiner immer wiederkehrenden Phantasievorstellung, die mit Frauen zu tun hatte. «Dabei geht es immer um Frauen, die in Not sind. Ich trete auf und kann helfen. Wenn ich mich dann auf die Wirklichkeit besinne, wird mir klar, daß ich eigentlich für niemanden lange sorgen möchte. Aber es ist offensichtlich, daß ein anständiger Mensch, der sich verpflichtet, sich um jemanden zu kümmern, das auch tut, bis ein anderer ihm diese Verpflichtung abnimmt. Wenn ich also gleich zu Anfang einer Beziehung die Frau ‹rette›, für sie sorge, dann werde ich sie auch nicht mehr los. Das kann ich aus meinen Phantasien lernen, und ich sage dann, genug, diese Art von Beziehung brauche ich nicht. Ich will mich nicht um jemanden kümmern müssen, der mir womöglich immer nur Schwierigkeiten macht. In meiner Phantasie sind Frauen immer hilflos und verlassen, ohne daß ich daran schuld bin, und ich bin ihr Retter. Jetzt, wo ich darüber nachdenke, wird mir klar, daß mich ihre Abhängigkeit immer sehr störte, wenn ich mit einer solchen Frau befreundet war. Ich war zwar bereit, sie zu ‹retten›, wollte mich aber nicht weiter um eine Frau kümmern müssen, die sich an mich hängte. Je mehr ich mich damit beschäftigte, um so deutlicher wird mir, daß ich immer richtig ärgerlich war, weil ich aus der Beziehung nicht das zurückerhielt, was ich hineingesteckt hatte. Was man mir anbot, wollte ich nicht haben, und es machte mich ärgerlich, daß ich in dieser abhängigen Beziehung festsaß.»

Im weiteren Verlauf unseres Gesprächs wies ich Willy darauf hin, daß Frauen, die gerettet werden mußten, wahrscheinlich meistens zu dem abhängigen Typ gehörten. Als er mir zustimmte, fragte ich ihn, warum er denn dann Beziehungen mit Frauen einginge, die ihm wahrscheinlich später Probleme machen würden, mit denen er sich im Grunde nicht befassen wollte. Unerwarteterweise war seine Antwort sehr direkt. Solche Frauen seien «unterwürfig», meinte er. «Das macht mich mächtiger. Je mehr Menschen ich retten kann, desto mächtiger werde ich.»

Als er mir dann von seiner Kindheit erzählte, wurden die alten Muster sehr deutlich, nach denen sich das Kümmerer-Syndrom in ihm entwickelt hatte: «Ich bin in Atlanta geboren und in Pittsburgh aufgewachsen. Meine Eltern hatten zwar die High-School zu Ende gemacht, waren aber einfache Arbeiter. Ich hatte ein viel engeres Verhältnis zu meiner Mutter, so viel enger, daß… Also, meine Mutter unterstützte mich immer in allem, ermutigte mich, und ich hatte immer das Gefühl, sie beschützen zu müssen, weil sie so verletzlich war. Sie klagte über ihr Schicksal, und das machte mich manchmal sehr traurig. Wir hatten wenig Geld, denn mein Vater war zwar ein sehr verantwortungsbewußter Mann, aber er war auch geizig. Mir kam es also immer so vor, als ob Mutter Mühe hatte, die Familie durchzubringen. Dad hielt das Geld zurück, erleichterte ihr nie etwas. Er arbeitete schwer, er war sehr pflichtbewußt, aber sehr, sehr geizig. Wenn ich an Mutter denke, dann höre ich sie immer darüber klagen, wie schwer sie es mit Vater hatte. Ich begann also schon früh, sie zu ‹retten›. Wenn man bedenkt, ich ‹rettete› meine Mutter! Mein Bruder war ziemlich verantwortungslos. Er war überhaupt keine Hilfe. Also mußte ich einspringen und meiner Mutter helfen, weil doch weder Vater noch Bruder es taten.»

Willy ging aufs College, sein Bruder ging mit siebzehn zum Militär. Sein Vater begann Verhältnisse mit anderen Frauen einzugehen. «Aber die endgültige Trennung kam erst, als ich schon in meinem letzten Semester war. Sie waren fünfundzwanzig Jahre verheiratet gewesen, und Mutter war absolut am Boden zerstört. Dabei hatte sie Dad das Leben ziemlich schwergemacht, so weit, wie meine Erinnerung zurückreicht. Sie hatte sich immer beklagt, daß er nicht helfen würde, daß er sie nicht genügend unterstützte, daß er nicht dies und daß er nicht das… Ich war wirklich sehr überrascht, daß sie so verzweifelt war, als Vater schließlich auszog. Sie wußte nicht, wovon sie überhaupt leben sollte. Ich verdiente damals keine dreihundert Dollar im Monat, und davon gab ich ihr mehr als die Hälfte, damit sie genug zum Leben hatte. Also, diese Verhaltensmuster…»

Willy Bethair beendete diesen Satz nicht, und das war auch nicht nötig. Wir wußten beide, daß die Verhaltensmuster seiner Kindheit sich fortsetzten bis in sein Erwachsenenleben hinein und daß sie seine Beziehungen zu Frauen immer beeinflußt hatten.

Als kleiner Junge war Willy den gleichen leisen Klagen seiner Mutter ausgesetzt gewesen wie auch John, Jack, Maurice, Sol, Steven und alle Männer, die das Kümmerer-Syndrom mit sich herumtragen: «Ich brauche dich, du mußt mein tüchtiger kleiner Mann sein.» Dad hat etwas falsch gemacht, Mama braucht Hilfe. Ob die Mutter sich tatsächlich so ausdrückte, ist dabei nebensächlich. Der Sohn hat ihr Flehen und Klagen so interpretieren müssen. Und wenn er sich davon beeindrucken ließ und sich wunschgemäß verhielt, konnte er dem Kümmerer-Syndrom nicht entrinnen.

Der Kümmerer begegnet emanzipierter Frau

Arbeit teilt sich in geschlechtsspezifische Tätigkeiten auf. Bei nahezu allen Völkern dieser Erde herrscht die Einstellung vor, daß manches Männerarbeit und manches Frauenarbeit sei. Bisher konnten von Anthropologen nur wenige Gemeinschaften gefunden werden, in denen Männer und Frauen sich in die gleiche Arbeit teilen; und in diesen Gesellschaften, bei denen sich die täglichen Aufgabengebiete beider Geschlechter überschneiden, sind es wieder die Männer, die im allgemeinen die prestigeträchtigen Stellungen besetzen und den Zugang zu den Machtpositionen der Gesellschaft kontrollieren.

Sigmund Freud hat unabsichtlich diese Geschlechtsspezifizierung von Arbeit unterstützt, als er den Frauen ein verstärktes Interesse an Familien- und Eheleben zuschrieb. Die Anforderungen der Außenwelt zu meistern sei dagegen Sache des Mannes.

Freuds über sechzig Jahre alte Behauptung scheint von Tendenzen des heutigen Arbeitsmarktes widerlegt zu werden sowie von der Prognose, im Laufe des nächsten Jahrzehnts würden mehr als zwei Drittel aller verheirateten Frauen berufstätig sein. Frauen, die sich nur um Ehe und Familie kümmern, werden dann die Ausnahme sein. Mancher mag diese Entwicklungen als Liberalisierung der modernen Gesellschaft begrüßen und in der Behauptung des

k. u. k. Gelehrten Professor Freud das wunderlich altmodische Produkt eines Geistes sehen, der von den Traditionen des 19. Jahrhunderts geprägt war.

In ihrem Eifer, die Rollenaufteilung ad acta zu legen, übersehen diese Menschen aber einen überaus wichtigen Punkt. Die schwerwiegendsten Folgen von geschlechtsspezifischer Arbeitsteilung zeigen sich darin, wie Männer berufstätige Frauen behandeln, und nicht in irgendwelchen Statistiken über den Anteil der Frauen an der arbeitenden Bevölkerung. Und hier wird deutlich, daß die Aussagen der von mir befragten Männer und Frauen mit den Ergebnissen von wissenschaftlichen Untersuchungen übereinstimmen. Man wies nach, daß Männer, häufig ohne daß es ihnen bewußt ist, eine geschlechtsspezifische Arbeitsteilung dadurch aufrechterhalten, daß sie der berufstätigen Frau zu verstehen geben, sie sei «am falschen Ort, außerhalb ihrer Kompetenzen, und täte Dinge, die nichts mit ihren natürlichen Fähigkeiten und Anlagen als Frau zu tun hätten».

Joe Layudar ist ein großer, gutaussehender Mann Ende Vierzig, der in ganz Amerika Anerkennung gefunden hat. Er arbeitet mit einer Reihe von privaten und öffentlichen Organisationen zusammen, die sich um die sozial schwächeren Mitglieder der Bevölkerung kümmern. Joe hat viele Kolleginnen, und eine davon ist Terri. Er brachte sie ins Gespräch, als er die Schwierigkeiten beschrieb, seine Einschätzung ihrer beruflichen Fähigkeiten mit seinem Verhalten ihr gegenüber in Einklang zu bringen.

«Terri ist in unserer Organisation als kompetent bekannt und steht einem Komitee vor, das mit Personalfragen zu tun hat. Sie läßt sich nichts gefallen, ist sehr selbstbewußt und weiß, wie sie sich verhalten muß. Manchmal glaube ich, daß sie zu hart mit den Komiteemitgliedern umgeht, was ihr mehr schadet als nötig. Ich stelle fest, daß ich mir viel mehr Gedanken um sie und ihre Arbeit mache als um einen Mann in derselben Position. Ich versuche ihr bei der Erledigung ihrer Aufgabe zu helfen, und beide wissen wir das, auch ohne es auszusprechen.»

Oberflächlich gesehen scheint Joe nur einer Kollegin helfen zu wollen, aber seine Motive haben nicht nur mit kollegialer Freundlichkeit zu tun, wie wir bald sehen werden. Das, was er für seine Bemühungen erhält und was er Terri damit unbewußt vermittelt, zeigt, daß man hier durchaus von geschlechtsspezifischer Arbeitsauffassung und der Ausprägung des Kümmerer-Syndroms sprechen kann.

«Letzte Woche mußte sie sich mit einem der Geschäftsführer auseinandersetzen. Sie war in ihrer Argumentation etwas weiter gegangen, als ich für notwendig hielt, und ich merkte, wie ich selbst eine extreme Stellung einnahm und genauso hart mit dem Mann umging. Ich wollte sie dadurch unterstützen, sie stand allein da, und ich hatte das Gefühl, daß diese Rolle sehr viel von ihr verlangte. Sie bemüht sich so ernsthaft und braucht wirklich Hilfe. Als ich später darüber nachdachte, fragte ich mich, was mein Verhalten wohl mit der Mann-Frau-Beziehung zu tun hatte. Sie war zwar eine sehr fähige Person, die viel aushalten konnte, aber sie war die einzige Frau im Raum gewesen und mußte sich mit einem so schwierigen Problem herumschlagen. Mir wurde klar, daß mein Wunsch, ihr in einer solchen Situation zu helfen, von der alten Vorstellung herrührte, daß so etwas für sie als Frau besonders schwierig ist.»

Warum, fragte ich Joe, sollte diese Situation für Terri denn schwieriger sein als für einen Mann?

«Ich weiß nicht genau. Es gibt viele Frauen in unserer Organisation, etwa ebenso viele wie Männer, aber nicht viele in Terris Position. Ich weiß nicht, ich habe da nur eine vage Vorstellung. Es kommt mir vor, als ob es schwierig für sie ist. Sie strengt sich sehr an, will ihre Arbeit um jeden Preis gut machen. Und ich finde, daß sie zuviel dafür opfert.»

«Wie fühlen Sie sich, wenn Sie ihr helfen?»

«Ich fühle mich gut, ich komme mir edel vor.»

Ich vermutete einen Einfluß des Kümmerer-Syndroms, als Joe zugab, daß er sich edel fühlte, wenn er dieser «bedürftigen» Frau half, und bat ihn, dieses Gefühl näher auszuführen.

«Ich habe einfach das Gefühl, daß sie Unterstützung braucht. Mit meiner Hilfe wird die Situation einfacher für sie. Und weil ich sie mag, helfe ich ihr. Es ist wirklich nur so ein Gefühl, daß mein Verhalten in so einer Situation etwas damit zu tun hat, daß sie eine Frau ist. Das fiel mir zuallererst ein. Ich würde immer wieder sagen, daß sie eine sehr kompetente Person ist, daß sie die Dinge wirklich selbst in den Griff kriegt. Aber irgendwie kommt es mir so vor, als ob die effektive Rolle, die sie spielen muß, sehr viel von ihr verlangt. Ich weiß nicht, ob es sich dabei um einen zeitweiligen Verlust ihrer Weiblichkeit handelt oder um etwas anderes. Es ist so schwierig, mit diesen Herrschaften fertig zu werden. Ich weiß das.»

«Also helfen Sie ihr, um ihr etwas von der Last abzunehmen?»

«Ja, natürlich. Wenn ich ihr beistehe, hat das zweierlei zur Folge: Zum einen zeige ich ihr, daß sie es richtig macht. Ich glaube, sie hat Angst davor, selbst nicht zu erkennen, wann sie zu weit geht, einfach weil sie sich so einsetzt. Und sie hat Zweifel, ob sie es richtig macht. Und zum anderen hat sie, wenn ich mich einmische, etwas mehr Zeit, Abstand zu nehmen und die Sache objektiver zu betrachten.»

Ich wollte ihn wieder auf das «Edle» bringen und fragte: «Und Sie kommen sich edel vor, wenn Sie ihr helfen?»

«Sicher. Und zwar geht das so weit, daß ich wahrscheinlich einen viel extremeren Standpunkt einnehme, wenn es um ihre Angelegenheiten geht, als wenn es um meine eigenen ginge.»

Er zögerte, und ich half nach: «Es treibt Sie dazu, sich extremer zu äußern?»

«Vom Inhalt her nicht, sondern nur mit mehr Nachdruck. Eigentlich wäre es nicht nötig, so emphatisch zu sein, aber weil sie es ist, *braucht sie mich* zur Unterstützung. Und ich will ihr helfen.»

Wieder zögerte er, fuhr aber auf meine Ermutigung hin fort:

«Ich wuchs auf, da war von Frauenemanzipation noch keine Rede. In meiner Familie drückten Gesten und Verhaltensweisen bestimmte Werte deutlich aus. Noch als ich zur Schule ging, war es zum Beispiel klar, daß man aus dem Auto sprang, um das Auto herumlief und die Tür für die Freundin öffnete. Es waren Reflexe, ebenso wie die Einstellungen und Vorstellungen zu und von Frauen automatisch von den Eltern übernommen wurden. Jetzt, nach der Emanzipation der Frauen, habe ich Probleme. Ich weiß nicht, wie ich mich verhalten soll, automatisch möchte ich immer noch die Tür für sie öffnen, möchte ich ihnen helfen.»

Es ist wirklich nett, wenn man helfen will. Aber wie auch vielen anderen Männern, mit denen ich sprach, ging es Joe nicht nur darum zu helfen; er selbst hatte das ziemlich genau erkannt. Seine Hilfsbereitschaft signalisierte vielmehr: Berufstätige Frauen brauchen Hilfe, weil sie von Natur aus bei ihrer beruflichen Leistung benachteiligt sind. Männer mit dem Kümmerer-Syndrom wollen glauben, daß ein Beruf für die Frau etwas Unnatürliches ist und daß sie, um zu überleben, die Hilfe des Mannes braucht. Nach dieser Logik haben Männer anscheinend die edle Berechtigung, *für* die Kollegin etwas zu tun, sie *zu ihrem Besten* weiterzubringen und sie *zu beeindruk-ken*. Joe war sich dieser Dynamik bewußter als andere Männer, mit denen ich sprach, aber selbst er ließ sich davon steuern.

«Es gab da früher sehr deutliche Regeln. Ich bin immer noch gern mit Frauen zusammen, die gern die Hilfe des Mannes annehmen und das auch ausdrücken. Das ist auch ein ganz interessanter Prozeß. Ich glaube, wenn man jemanden näher kennenlernt, dann gehört dazu eine Art Flirten, wenn auch mehr oder weniger bewußt. Man hat bestimmte Erwartungen an den anderen, die erfüllt oder enttäuscht werden. Ich mag Frauen, die ihre Freude ausdrücken können.»

«Freude woran?»

«Freude darüber, daß ich sie unterstütze, daß ich Entscheidungen fördere, daß ich mich der traditionellen Rolle entsprechend verhalte.»

«Wie kommen Sie sich denn dann vor?»

«Ich habe das Gefühl, daß ich ein guter Mensch bin, daß ich ein Mann bin, wie er sein sollte, und daß man mich deshalb schätzt. Ich habe den Eindruck, daß es für jeden einen angemessenen Platz im Leben gibt, an dem er sich wohl fühlt. Wenn ich mir das so recht überlege, ist in meinem Fall dieses traditionelle Empfinden Frauen gegenüber schon etwas merkwürdig. Ich bin schließlich homosexuell, weshalb viele der typischen Verhaltensweisen des amerikanischen Mannes bei mir nicht anzutreffen sind.»

Die Wurzeln des Kümmerer-Syndroms sind von der Gesellschaft tief im Wesen eines Mannes verankert worden. Sie lassen sich nicht leicht entfernen, und sie sind dafür verantwortlich, daß die geschlechtsspezifische Klassifikation der Berufe weiterhin besteht: Ein Beruf außer Haus, der mit der Welt der Sachen und nicht mit der Welt der Gefühle zu tun hat, steht «von der Natur aus» dem Mann zu. Hier hofft der Mann Mittel und Möglichkeiten zu finden, um für die Frau zu sorgen, sie zu ihrem Besten anzuleiten und sie zu beeindrucken. Wenn Frauen es aber fertigbringen, in diese Sphäre einzudringen und für sich selbst zu sorgen, dann verliert der Mann grundsätzlich die Möglichkeit, das zu entwickeln, was er als Äquivalent für den Schatz, den die Frau zu vergeben hat, braucht.

Ein Witz im *New Yorker* vom Oktober 1989 zeigt uns, warum Männer Angst davor haben, ihre spezielle Domäne aufzugeben: Zwei Männer, Yuppie-Typen, sitzen sich an einem kleinen runden Tisch in einem Café gegenüber. Sie sehen verloren aus, und der eine seufzt: «Sie steht ihren Mann!»

Und deshalb stellt die Berufstätige, die autonom und kompetent ihr eigenes Geld verdient, ein so großes Problem für viele Männer dar. Wenn sie in der Lage ist und «seine» Arbeit tun kann, wenn sie «ihren Mann stehen» kann, wie kann dann der Mann zum richtigen Mann werden? Wie kann er sich Fähigkeiten aneignen, die sie nicht hat, Leistungen erbringen, die ihr unmöglich sind, damit sie ihn als Belohnung dafür in seiner Männlichkeit bestätigt, ihm das gibt, was er mehr als alles in der Welt ersehnt?

Man bedenke: Die männlichen Selbstzweifel können durch berufliche Erfolge nicht aufgehoben werden. Ich sprach mit vielen Männern, die reich waren, viel Prestige besaßen, gut und männlich aussahen und die dennoch unter Frustrationen litten. Sie fühlten sich nicht wohl in ihrer Haut und hatten Zweifel an ihrer Männlichkeit. Obgleich sie eine Reihe von «männlichen» Erfolgen vorweisen konnten, suchten sie immer noch nach der «richtigen Frau», die ihnen ihrer Meinung nach zu dem männlichen Selbstbewußtsein verhelfen könnte, nach dem sie sich so sehnten.

Für solche Männer ist Arbeit nur ein Mittel, um sich ihre Männlichkeit immer wieder beweisen zu können. Die Frauen sind es letzten Endes, die die Männer-Arbeit beurteilen, und zwar im Hinblick darauf, ob sie dadurch für sie zu echten Männern geworden sind. Männer können nur hoffen, daß Frauen ihnen auf Grund ihres beruflichen Erfolges den Schatz der Bestätigung ihrer Männlichkeit schenken. Durch diese Belohnung, so hoffen die Männer, können sie endlich den «Frosch» in sich ausmerzen und bis in alle Ewigkeit in der beruhigenden Gewißheit ihrer Männlichkeit leben.

Wenn aber Frauen im Arbeitsleben Macht und Einfluß gewinnen und sich die Errungenschaften der materiellen Welt zu eigen machen, muß sich der Kümmerer hoffnungslos verloren vorkommen. Er hat die Möglichkeit nicht mehr, durch seine Erfolge in der Welt den libidinösen Schatz der Frau zu gewinnen, der seine Männlichkeit bestätigt. Wenn Frauen in der Berufswelt, die lange dem Mann vorbehalten war, vorankommen, dann nehmen sie dem Mann die Möglichkeit, seine männliche Identität zu erlangen. Und deshalb wird es zu einer Sache des Selbstschutzes: «Der Zugang der Frau zum beruflichen Erfolg muß blockiert werden!»

Der Tanz mit der Amazone

Stanley Ped ist unverheiratet und arbeitet als Verkäufer in einem Schuhgeschäft. Er sprach mit mir über das Ende einer stürmischen Liebesaffäre vor zehn Jahren; er war damals 28 Jahre alt. Er hatte die Frau in einer Disco kennengelernt, und sie waren beinahe drei Jahre zusammen. Dann machte sie ihr Examen in Betriebswirtschaft und bekam eine gute Stellung in einer Bank. In kurzer Zeit verdiente sie doppelt soviel wie er. Er klagte, wie sehr ihre neue Stelle doch ihr Verhältnis zu ihm verändert hatte:

«Sie hatte so selten Zeit, war dauernd unterwegs, flog an die Westküste, nach Chicago und so weiter. Und wenn wir mal miteinander redeten, ging es nur um ihren verdammten Job. Irgendwie, und das fällt mir jetzt erst ein, während wir darüber sprechen, war es so, als ob sie mir einen Tanz versprochen hatte, ein Versprechen, das sie jetzt nicht einlösen wollte. Ich hatte mich auf einen Tanz mit einer echten Frau gefreut, und nun stand mir plötzlich eine Amazone gegenüber. Mit einer Amazone aber tanzt man doch nicht. Da sucht man sich lieber eine Frau, die von einem sicher über den Tanzboden geführt werden möchte, die sich fraulich anpassen möchte. Dann fühlt sich auch der Mann gut.»

Und eines Sonntagmorgens, etwa ein Jahr nachdem seine Freundin die Stelle bei der Bank angetreten hatte, packte Stanley Ped seine Koffer und zog zu einer anderen Frau, mit der er schon seit einem Monat ein Verhältnis hatte. Sie hatte das College nicht zu Ende gemacht und arbeitete bei ihm im Schuhgeschäft.

Stanleys Reaktion auf seine erste Freundin, die er selbst als Amazone bezeichnete, ist für Psychologen besonders interessant, die versuchen herauszufinden, warum Frauen sich am Arbeitsplatz oft selbst im Weg stehen.

Nach ihren Untersuchungsergebnissen scheinen Frauen in Berufen, die als typisch männlich gelten, häufig ihr Potential nicht voll einzusetzen. Sie haben Angst vor den Folgen, wenn sie erfolgreicher sind als der jetzige oder auch der zukünftige Kollege. Eine Frau, die einen Mann mit ihrem Können überflügelt, blockiert ihm den Weg zur ersehnten Anerkennung seiner Männlichkeit und wird deshalb von ihm als unweiblich abqualifiziert.

Und letzten Endes bestätigen Männer wie Stanley Ped dadurch die Bedenken der Frau, daß sie die Verbindung lösen. Dabei ist höchst verwirrend für die Frau, daß er vor dem endgültigen Verlassen nicht selten Stolz und Freude über ihren beruflichen Erfolg gezeigt hat und von seinen Zweifeln nie die Rede war.

Stanley Ped und auch andere Männer und Frauen, mit denen ich gesprochen habe, haben zugegeben, daß trotz der Bedrohung, die die erfolgreiche Karriere der Frau für den Mann darstellte, ihn manchmal gerade eine solche Frau besonders anzog. Irgendwie scheint es ihm besonders viel zu gelten, wenn eine Frau, die eine Machtposition in der Welt des Mannes einnimmt, ihn in seiner Männlichkeit bestätigt. Ein Mann mit dem Kümmerer-Syndrom wird außerdem denken: «Wenn sich eine solche Frau mir anvertraut und ich sie beschützen kann, dann bedeutet das, daß ich ein ganz besonderer Mann bin.»

«Ich möchte noch einmal auf diesen Widerspruch kommen, von dem ich schon vorher gesprochen habe.»

«Was für ein Widerspruch?»

«Ich war anfangs richtig angetörnt, als meine Freundin ihr Studium beendet hatte und diesen Job bekam. Ja, es hatte ganz sicher etwas mit sexueller Attraktion zu tun. Sex mit ihr war wieder aufregend geworden.»

«Wie erklären Sie sich das?»

«Ich weiß nicht. Zunächst einmal, sie sah phantastisch

aus. Aber es war mehr als das. Hier war diese tolle Frau, die jeder bewunderte, die es dazu noch geschafft hat, diesen Superjob zu kriegen, und diese Frau schenkt sich mir. Dieses Gefühl hielt nicht sehr lange vor, aber ich erinnere mich gut, daß ich anfangs das Gefühl hatte, ich hätte einen ganz besonders guten Fang gemacht.»

Fünf Minuten später fügte er noch hinzu: «Um noch mal auf meine erste Freundin zu kommen, mir fällt das gerade jetzt erst ein, es ist wirklich so, daß viele Männer bei erfolgreichen Frauen sagen: ‹Also, sie hat das eben nötig›, oder auch: ‹Ich wette, sie ist wirklich etwas ganz Besonderes.›»

Aus Stanleys zwiespältiger Einstellung zu berufstätigen Frauen spricht der Einfluß des Kümmerer-Syndroms. Selbst wenn diese Frauen zu unerreichbaren, beinahe abstoßend bedrohlichen Amazonen werden, üben sie gerade durch ihre Leistungen eine besondere Anziehungskraft auf Männer aus. Eine Reihe von Faktoren mag für diese wenn auch kurzlebige Attraktivität verantwortlich sein: Wegen ihrer Leistungen (trotz ihres vermeintlich natürlichen Handicaps als Frau) ist die berufstätige Frau seiner Gaben besonders wert; er stellt sich außerdem vor, daß sie ihn auf eine ganz besondere Weise belohnen wird, wenn er ihr seine Kümmerer-Heldentaten zu Füßen gelegt hat; sie ist in der Lage, für ihn zu sorgen (was er in seinem Selbstzweifel anziehend findet), und ihretwegen glauben andere, daß er ein ganz besonderer Mann sein muß, eben weil er eine ganz besondere Frau hat. Schließlich aber stellt sich heraus, daß auch seine Karrierefrau nur eine gewöhnliche Sterbliche ist wie andere Frauen auch und daß auch sie diesen magischen Schatz nicht zu vergeben hat, der dem Mann jeden Zweifel an seiner Männlichkeit nehmen würde. Und deshalb sollte man sich nicht wundern, wenn ein Mann wie Stanley schließlich an einem verhängnisvollen Morgen seine Koffer packt und zu einer Frau zieht, die weniger bedrohlich zu sein scheint.

Dr. Alice Thena kennt das Kümmerer-Syndrom genau und weigert sich, seiner Verführung nachzugeben. Wir sprachen über ihre berufliche Karriere in einem Bereich, der noch hauptsächlich von Männern beherrscht wird. Sie beschrieb die zwiespältigen Gefühle, die die Kollegen ihr gegenüber hätten, und ich fragte sie ganz direkt, ob sie es auch schon erlebt habe, daß ihre Erfolge sie für Männer irgendwie interessanter machten.

«Ja, schon, aber das Ganze wird sofort wieder verdreht durch die Kehrseite dieser Emotion, und das ist wirklich eine interessante Dynamik: Es gibt Männer, die mich, eine Frau mit mehr Macht, beschützen wollen, um sich so wie Supermänner vorkommen zu können. Auf der anderen Seite aber wollen sie, daß die mächtigere Frau für sie sorgt.»

«Für sie sorgt?»

«Ja, das Bedürfnis, jemanden zu beschützen, ist immer mit einer Abhängigkeit verbunden.»

Ich fragte sie, ob das etwas mit ihrer Bemerkung zu tun habe, daß Männer hofften, durch das, was die Frau ihnen geben kann, zu Männern zu werden.

«Ich glaube schon. Es gibt da eine interessante Wechsel- beziehung, und man kann leicht feststellen, wann sich so etwas abspielt: Ein Mann fühlt sich von dir angezogen, von deiner Person, von dem, was du leistest und geschafft hast. Er setzt sich für dich beruflich ein, und dann braucht er plötzlich mehr und mehr Aufmerksamkeit. Und wenn du ihm nicht genug Zuwendung gibst, reagiert er gereizt und mit Selbstmitleid.»

Ich bat sie um ein Beispiel, und sie zögerte keine Se- kunde:

«Ein jüngerer Kollege behauptet, er könne viel für mich

tun, und redet dauernd davon, auf welche Weise er mir helfen will. Er bringt es aber nicht fertig, von Zusammenarbeit zu sprechen, sondern es geht immer nur darum, was er für mich tun will. Je mehr ich mir von ihm helfen lasse, desto zufriedener ist er. Wenn ich aber sage: ‹Diese Sache will ich allein machen› oder: ‹Ich habe jetzt etwas anderes zu tun›, wird er sauer, viel saurer, als es der Situation eigentlich angemessen wäre.»

«Was geht wohl in ihm vor, wenn Sie sich auf diese Weise von ihm abwenden? Was meinen Sie?»

«Wahrscheinlich würde er sagen: ‹Nach allem, was ich für Sie getan habe.› Ja, genau das würde er vor sich hin murmeln. Ich vermittle ihm ja schließlich, wenn auch nicht mit Worten: ‹Geh, und spiel allein, ich brauche dich im Augenblick nicht.› Ich glaube, so könnte man seine Reaktion deuten.»

«Und wenn er sagt: ‹Nach allem, was ich für dich getan habe›, was hatte er dann eigentlich erhofft?»

«Daß ich dankbar sein, zu ihm aufsehen würde, daß ich aus ihm einen Mann machen würde.»

Ein Kümmerer, der sich nach Bestätigung seiner Männlichkeit sehnt, muß die Illusion von der Abhängigkeit und fehlenden Kompetenz der Frau aufrechterhalten. Er kann der Frau, die «ihren Mann steht», nicht auf die ihm gemäße Weise dienen, also sich seinen traditionellen männlichen Fähigkeiten und Kompetenzen entsprechend verhalten. Er muß der Berufstätigen statt dessen deutlich machen, wo ihr eigentlicher Platz ist. Auf diese Weise wird sie, die draußen in der Welt ihren Mann stehen und für sich selbst sorgen kann, in seinen Augen wieder zu einer Frau, die sich um das Familien- und Eheleben kümmert und den erwünschten libidinösen Schatz besitzt.

Ab in die Küche!

Männer mit dem Kümmerer-Syndrom halten die Berufs-
tätigkeit von Frauen meist für unnatürlich. In ihren Augen
hat die Frau, unabhängig von allem, was sie vielleicht
sonst noch leistet, die natürliche Aufgabe, ihre sozial-
emotionale Begabung für den Dienst an Mann und Familie einzusetzen. Sie glauben, daß eine Frau die größte Befriedigung empfindet, wenn sie das Leben anderer durch
das bereichert, was nur sie, als Frau, geben kann. «Frauen
fühlen von Natur aus eine Verantwortung, das Leben ihrer Lieben glücklich zu machen.» Aus dieser Annahme fol-
gern Männer, daß Frauen, die allein leben, auf keinen
Fall zufrieden sein können, weil sie ja die Rolle der Ehefrau und Mutter, die die Natur ihnen gab, nicht erfüllen
können. Es ist kein Wunder, daß man für unverheiratete
Frauen nur negative Bezeichnungen wie «alte Jungfer»
kennt, während der Begriff «Junggeselle» durchaus wert-
neutral gebraucht wird.

Berufstätige Frauen werden in den Augen der Männer
wieder auf die Rolle der den Mann bestätigenden Erlöse-
rin festgelegt, indem die Männer ihnen gönnerhaft und
herablassend durch ihr Verhalten zu verstehen geben:
«Das ist doch zu schwierig für dich, denn eigentlich ge-
hörst du ja nicht hierher. Du bist von Natur aus dafür
nicht geeignet und brauchst deshalb Hilfe, die Hilfe eines
richtigen Mannes.» Wenn Männer manche Berufssparten
als «geeignet für Frauen» bezeichnen, dann drückt sich
auch darin Herablassung aus, denn das impliziert, daß die
Frau für andere Bereiche, für echte Männerarbeit, eben
nicht geschaffen ist. Durch diese gönnerhafte Einstellung
wird die geschlechtsspezifische Arbeitsteilung ebenso aufrechterhalten wie durch eine offene Diskriminierung von
Frauen im Berufsleben. Durch ihr herablassendes Beneh-

men Frauen gegenüber und durch das Ausgrenzen von Frauen aus bestimmten Berufen können Männer mit dem Kümmerer-Syndrom sich die Illusion bewahren, daß nur sie den Weg zu Macht und Prestige kennen und für ihre typisch männlichen Fähigkeiten und Leistungen von der Frau mit der Bestätigung ihrer Männlichkeit belohnt werden.

Durch Bücher und Filme, aber auch durch wissenschaftliche Abhandlungen sind die Versuche des Mannes, die beruflichen Leistungen der Frau abzuqualifizieren und eine geschlechtsspezifische Arbeitsteilung aufrechtzuerhalten, immer noch unterstützt worden. Hausarbeit wird als leicht und streßfrei dargestellt, verglichen mit «Männerarbeit». Die Pflichten einer Ehefrau, Mutter und Hausfrau werden im allgemeinen als natürliche Aktivitäten der Frau bezeichnet, etwas, wozu sie geschaffen ist und woran sie Freude hat. Wenn Frauen dann eine Arbeit annehmen, dann tun sie das zusätzlich zu ihrer eigentlichen Aufgabe als Ehefrau und Mutter oder nachdem sie ihre eigentlichen, von der Natur gegebenen Pflichten erledigt haben. Für alleinstehende Frauen kann der Beruf nur ein unvollkommener Ersatz für das sein, was sie naturgemäß lieber täten. Auf jeden Fall ist ein Beruf unnatürlich, stressig, und Männer sollten ihre Frauen, wenn möglich, davor bewahren.

Dieser Argumentation zufolge gehört die Frau ins Haus, selbst wenn sie aus irgendeinem Grund berufstätig ist. Eigentlich ist sie für die Hausarbeit geschaffen, es paßt zu ihren naturgegebenen Fähigkeiten und ist außerdem auch gesünder. Im Grunde aber glauben das nur diejenigen, die die geschlechtsspezifische Arbeitsteilung aufrechterhalten wollen. Man hat in Untersuchungen nachgewiesen, daß Frauen, die zu Hause bleiben, unter einem ebenso großen Streß leben wie Berufstätige. Psychische

Symptome wie Depressionen treten sogar bei Hausfrauen häufiger auf als bei Frauen, die außer Haus arbeiten.

Die geschlechtsspezifische Arbeitsteilung wirkt sich auf Frauen negativ aus. Auf der anderen Seite fühlen sich Männer dadurch paradoxerweise verletzlicher. Dr. Alice Thena meinte dazu: «In einer Besprechung versuchen wir, Richtlinien für die Abteilung festzulegen, in der ich arbeite. Es ist offensichtlich, daß der Mann, mit dem ich zusammenarbeite, weniger von der Sache versteht als ich. Er ist noch nicht lange in unserer Abteilung. Er weiß noch nicht viel von dem Aufgabengebiet, aber er ist einfach nicht fähig, mir zuzuhören. Statt dessen versucht er mich gönnerhaft abzuspeisen mit einem: ‹Ja, das ist eine gute Idee, eine wirklich gute Idee.› Dabei hat er absolut nichts von dem verstanden, was ich gesagt habe. Er tätschelt mir sozusagen die Wange, will mich beruhigen und begegnet mir herablassend.»

«Was glauben Sie, was er damit erreichen will?»

«Er ist der Meinung, daß man Frauen schmeicheln muß. Man muß ihnen nicht zuhören, muß sie nicht verstehen, man braucht ihnen nur zu schmeicheln. Seine Aufgabe ist es, mir zu schmeicheln. Wenn er das nicht fertigbringt, hat er seine Aufgabe verfehlt.»

«Seine Aufgabe?»

«Ja, seine Aufgabe, sich wie ein Mann zu benehmen.»

«Sein Schmeicheln ist nötig, damit er sich wie ein Mann fühlen kann?»

«Ich glaube schon.»

«Und wie weiß er, daß er seiner Aufgabe gerecht geworden ist?»

«Wenn ich lächle oder schüchtern reagiere, hat er seine Pflicht getan. Dadurch ist er männlicher geworden.»

«Was Sie ihm also als Frau geben, macht ihn männlicher?»

«Das stimmt.»

«In seinen Augen haben also Sie die Möglichkeit, ihn zum Mann zu machen?»

«Ja, aber auch, ihn zu entmannen.»

Ob er ein echtes Interesse an der Frau als Frau oder als Kollegin hat, der Kümmerer baut sich immer wieder eine kleine Hölle, die den Einfluß des Syndroms auf sein Leben weiterhin verstärkt. Alles fängt so harmlos an: Die Frau kann die Arbeit eines Mannes unmöglich tun, deshalb werde ich ihr helfen. Auf diese Weise wird sie immer wieder auf den ihr zustehenden Platz verwiesen, und gleichzeitig kann ich mich ihres Schatzes würdig erweisen. Aber so einfach ist es nicht. Die Hilfe des Kümmerers ist immer zweckgebunden; er will Frauen erniedrigen und beherrschen. Mit dieser zweckgebundenen Hilfe aber gibt der Mann der Frau die Macht in die Hand, seine Männlichkeit zu beurteilen. Er wartet auf die Bestätigung durch die Frau, auf ein Lächeln oder eine schüchterne Antwort, und macht sich dadurch abhängig und verletzlich. Er hat der Frau die Macht gegeben, ihn zu entmännlichen.

Seine Selbstzweifel nehmen zu, und das Syndrom zeigt sich stärker. Dazu kommen Erfahrungen, die seine Erwartungen immer wieder enttäuschen müssen: Frauen besitzen die Macht nicht, die die Männer ihnen zuschreiben, die Macht, ihm jeglichen Zweifel an seiner Männlichkeit zu nehmen. (Gleichermaßen gilt, daß auch Männer die Macht nicht besitzen, nach denen die Frauen sich sehnen, nämlich daß sie ein starker Mann in die Arme nimmt, sie auf seinem weißen Roß in ein Traumschloß bringt, wo sie bis an ihr Lebensende glücklich leben wird.)

Frauen, vor allem souveräne und selbstbewußte Karrierefrauen, können allmählich nicht mehr mit amüsierter Toleranz zusehen, wie der Kümmerer sich bemüht, sie in der Küche einzusperren.

Darüber hinaus ist der Kümmerer, der Frauen durch sein Verhalten schikaniert, sogar noch der Meinung, daß er das Opfer der undankbaren Frau ist, und klagt: «Und das nach allem, was ich für sie getan habe!»

Ich fragte Dr. Alice Thena, wie Frauen wohl auf die Art der Hilfe reagieren, die für einen Kümmerer typisch ist. Aus ihren Antworten läßt sich ersehen, daß die verschiedenen Typen des Kümmerer-Syndroms sich selten in reiner Form ausprägen, sondern meist so miteinander verquickt sind, daß man sie nicht mehr sauber unterscheiden kann.

Sie beschrieb, was andere Frauen ihr über Kollegen am Arbeitsplatz erzählt hatten: «Er hört mir nie richtig zu. Oder: Er will mit mir nicht über die Lösung eines Problems sprechen. Er sagt einfach: ‹Zerbrechen Sie sich nur nicht Ihren hübschen kleinen Kopf deshalb.› Oder: Er duldet es nicht, daß ich meine eigene Karriere in die Hand nehme. Er sagt: ‹Mach dir keine Sorgen, Schätzchen, halte dich an mich, dann wird es auch mit deiner Karriere klappen. Ich passe schon auf dich auf.›»

«Und wie reagieren Frauen wie Sie darauf?»

«Ich glaube, wir wissen, daß wir nicht gleich zu direkt werden und sagen können: ‹Würden Sie vielleicht mit dem Gerede aufhören und sachlich werden?› Das wäre zu aggressiv und zu hart für die Männer. Also hoffen wir darauf, daß sie uns besser kennenlernen, damit sie allmählich merken, daß wir ihre Hilfe nicht unbedingt brauchen. Wir könnten dann ehrlich sein, sie würden uns immer besser kennenlernen, und die Zusammenarbeit könnte mehr Spaß machen. Wenn wir auf diese Entwicklung aber zu lange warten müssen, dann werden wir die Männer einfach links liegenlassen.»

Ich gab zu bedenken, daß dieses Mißachtetwerden für einen Mann, der eine Bestätigung seiner Männlichkeit sucht, wahrscheinlich das Schlimmste ist, was eine Frau ihm antun kann, und daß er mit Zorn darauf reagieren wird. Aus ihrem Seufzer und der lakonischen Antwort sprach nur allzu deutlich, wie überdrüssig Frauen wie sie der Männer mit dem Kümmerer-Syndrom waren und wie sehr das Leben eines Mannes mit dem Syndrom von Ängsten, Empfindlichkeiten und Frustrationen geprägt wird. Sie sagte: «Ja, sie mögen das kein bißchen.»

Sei ein Mann,
kein Mann-Darsteller!

Das Kümmerer-Syndrom ist nicht unheilbar. Ein Beweis dafür ist Steven Galli. Ich habe Steven in einem früheren Kapitel als Beispiel für einen Mann mit Kümmerer-Syndrom vom Typ Erzieher vorgestellt.

Stevens erste Frau war sehr viel jünger als er, und sie war laut Steven sehr behütet aufgewachsen. Ihr Vater war streng und ihre Mutter eher passiv. Ihre Familie lebte in einer Kleinstadt im mittleren Westen der Vereinigten Staaten. Steven gab zu, daß er als ihr «Lehrer und Führer» dafür gesorgt hatte, daß sie auch im Zusammenleben mit ihm unterwürfig und abhängig blieb so wie in früherer Kindheit in der Familie.

Anfangs fand Steven seine Rolle als Erzieher positiv, sogar sexuell anregend. Später aber wurden seine Gefühle ambivalenter, war er wegen dieser Lehrer-Schüler-Beziehung im Zwiespalt. Was ehemals attraktiv war, kam ihm jetzt mehr wie eine Last vor. Er war es leid, immer die Verantwortung tragen und jede Entscheidung fällen zu müssen. Und doch gab es keinen anderen Weg, denn er hatte es schließlich so gewollt und eingerichtet.

Der Begriff Ambivalenz ist wichtig, wenn man Stevens Gefühle von damals verstehen will. Als seine Frau schließlich gegen seine Dominanz rebellierte, war er, statt erleichtert zu sein, nicht mehr die gesamte Verantwortung tragen zu müssen, ebenso ärgerlich über ihren Widerspruch, wie er über ihre Abhängigkeit von ihm gewesen war. Steven und seine erste Frau ließen sich nach mehr als zwanzigjähriger Ehe scheiden. Steven heiratete später noch einmal: «Meine jetzige Frau hat studiert; sie ist sehr intelligent, hat viel Energie und ist extrovertiert. Man könnte beinahe sagen, daß sie das genaue Gegenteil von meiner ersten Frau ist. Ich habe oft darüber nachgedacht. Es wird immer gesagt, daß man seine Fehler wiederholt, aber das stimmt in diesem Fall nicht. Meine zweite Frau ist ganz anders als meine erste. Sie ist eine starke Persönlichkeit und viel jünger als ich, zwanzig Jahre jünger. Sie ist immer bereit zu helfen und mich aufzubauen. Wenn ich über etwas nicht reden will, setzt sie sich zu mir und besteht darauf, daß ich mich ausspreche. Sie kann mich immer zum Reden bringen. Wir sind gleichberechtigte Partner. Es macht mir nichts aus, zu ihr zu sagen: ‹Heute bin ich wirklich sauer. Was da passiert, gefällt mir gar nicht.› Vieles hat natürlich auch damit zu tun, wie ich mich in der Zwischenzeit entwickelt habe. Ich vertraue ihr und kann ihr alles sagen. Ich komme mir als Mensch einfach kompletter vor.»

Ich bat Stevens, etwas näher auszuführen, warum er seiner ersten Frau nicht sagen mochte, wann er schlecht gelaunt war und sich ärgerte. Seine Antwort macht deutlich, wie sehr das Syndrom Männer wie auch Frauen einengt.

«Ich hatte das Gefühl, daß sie damit nicht fertig werden könnte. Meiner Meinung nach beruhte unsere Beziehung damals auf ihrer Abhängigkeit von mir. Ich mußte das starke, tapfere Oberhaupt der Familie sein und durfte meine Unsicherheit nie zeigen. Wenigstens glaubte ich, daß ich das nicht konnte. Andernfalls würde irgendwie das Image der Familie, das wir, beziehungsweise ich» [sehr interessant, daß er sich hier verbesserte] «aufgebaut hatte, darunter leiden. Das ist natürlich alles Blödsinn, aber so dachte ich damals. In den folgenden Jahren ging mir doch einiges über meine eigene Person auf. Ich erkannte zum Beispiel, daß ich weder so einmalig war, wie ich geglaubt hatte, noch so stark und unabhängig. Ich lernte, daß auch ich eine andere Person brauchte, genauso wie ich gebraucht wurde; ich brachte es fertig, um Hilfe zu bitten, und lernte es, mich zu öffnen.»

«Ist das gefährlich?»

«Eigentlich nicht. Ich fand nämlich heraus, daß sie eine Frau ist, die einfach wissen muß, was in mir vorgeht, genauso, wie ich wissen möchte, was in ihr vorgeht. Und diese Offenheit hat unserer Beziehung nicht geschadet, sondern sie eher gestärkt.»

Das Kümmerer-Syndrom ist nicht unheilbar, wie wir an dem Beispiel von Steven Galli sehen können. Es gibt ein Heilmittel. Das Kümmerer-Syndrom ist allerdings nicht mit zwei Aspirin, heißem Tee und Bettruhe aus der Welt zu schaffen. Weder ich noch irgend jemand sonst kann eine Liste von zehn einfachen, wirksamen Regeln aufstellen, nach denen man ein Leben frei vom Kümmerer-Syndrom leben kann. Ich wünschte, es wäre mir möglich, aber ich kann es nicht. Ich kann allerdings von den Bemühungen der Männer und Frauen berichten, die gelernt haben, das Syndrom in Schach zu halten, und kann aus ihren Berichten wichtige Punkte herausziehen, die für uns alle von Bedeutung sind.

Ich habe aus meinen Gesprächen mit 150 Männern und Frauen gelernt, daß die emotionale Emanzipierung des Mannes wichtig ist. Wer die Einschränkungen durch das Kümmerer-Syndrom durchbrechen will, muß sich innerlich gegen die exzessiven Erwartungen auflehnen, die er hinsichtlich der als typisch männlich überlieferten Fähigkeiten und Kompetenzen von sich selbst hat. Wenn diese Erwartungen nicht erfüllt werden, stellen sich unvermeidlich Selbstzweifel ein, denen der Mann sich stellen muß. Er muß von der Phantasievorstellung Abstand nehmen, daß die Frau einen heilenden, emotionalen Schatz besitzt, den sie demjenigen schenken wird, der ihr mit den typisch männlichen Kompetenzen und Fähigkeiten dient. Der Mann muß seine Enttäuschung und Wut als unberechtigt überwinden, wenn die Frau ihm die ersehnte Belohnung nicht gewährt, obgleich er «doch so viel für sie getan hat».

Wenn der Mann es geschafft hat, sich emotional zu emanzipieren, wird sich das Paar in seiner Beziehung nach fünf wichtigen Punkten richten. Jeder dieser Punkte kann in wenigen Worten ausgedrückt werden, allerdings sollte man sich von der Kürze der Leitsätze nicht täuschen lassen. Die Zehn Gebote sind schließlich auch kurz, aber jedes einzelne Wort sagt viel aus, und es ist erwiesenermaßen schwierig, diesen Geboten zu folgen. Die fünf Leitsätze für die emotionale Emanzipation des Mannes sind mit der moralischen Bedeutung der Zehn Gebote nicht zu vergleichen, aber auch ihnen kann man leichter zustimmen als danach leben.

- Sei ein Mann, kein Mann-Darsteller!
- Des einen Ballast werde nicht zum Köder für den anderen.
- Geben bedeutet mehr als Handeln.
- Spaltungen überwinden.
- Fördere Gespräche unter Männern, nicht Männergespräche.

Ich möchte nun von Männern und Frauen berichten, die sich bemüht haben, in ihrem gemeinsamen Leben diese Leitsätze zu berücksichtigen. Aus ihren Erfahrungen können wir zumindest zweierlei lernen: Wir können die Gefahrensignale des Kümmerer-Syndroms identifizieren lernen, wenn sie in unserem Leben auftauchen. Und wir können auf eine Art und Weise auf diese Warnsignale reagieren lernen, die uns Raum läßt für eine beide Seiten befriedigende Mann-Frau-Beziehung, ein Miteinander, dessen Harmonie immer seltener durch die destruktiven Erwartungshaltungen des Kümmerer-Syndroms gestört wird.

Sei ein Mann, kein Mann-Darsteller!

Es ist spät am Nachmittag. Eine meiner Töchter, die fast 10 Jahre alte Alison, ist von der Schule nach Hause gekommen und sitzt vor dem Fernseher. Ich gehe auf dem Weg zu meinem Schreibtisch an der offenen Tür vorbei, bleibe stehen, wechsele ein paar Worte mit meiner Tochter, bis wir beide von dem Geschehen auf dem Bildschirm abgelenkt werden.

Es handelt sich um eine dieser Situationskomödien; erst sieht man das Gesicht eines Mannes, dann das einer Frau in Großaufnahme. Beide scheinen zusammen in einem bescheidenen Haus zu leben. Handelt es sich um ein Ehepaar? Spielen sie nur Nebenrollen? Ich weiß es nicht. Ich weiß nicht einmal, wie die Show heißt.

Und dennoch bin ich nicht vollkommen ahnungslos. Schon nach ein paar Sätzen weiß ich, worum es geht, und erkenne auch die bösartigen Klischees in bezug auf Männer: Männer sind Tyrannen, die bei der Hausarbeit zwei linke Hände haben, keine Gefühle zeigen können außer Wut und auch immer wieder hilflosen Frauen zu Hilfe kommen müssen, ob sie wollen oder nicht. Aber auch die Frauen kommen nicht gut weg. Eine der Protagonistinnen ist eine vollbusige, blonde Nachbarin mit einer leisen, hauchigen Stimme. In ihrem Verhalten drücken sich Mitgefühl und liebevolles Interesse aus. Sie scheint es fertigzubringen, die männliche Hauptfigur zu beruhigen, einen Mann, der wegen Schwierigkeiten im Beruf gestreßt wirkt. Sie sinkt ihm an die Brust, bewundert seine Fähigkeiten und erwähnt ein Problem, mit dem sie einfach nicht allein fertig werden kann. Wird er ihr helfen? Schlägt er ihr die Bitte ab, oder zögert er wenigstens? Nein, im Gegenteil, er fühlt sich wieder ganz stark, sehnt sich danach, für sie den Kampf aufzunehmen und die Bedürfnisse dieser sanften, attraktiven Frau zu erfüllen.

Die Geschichte und die Charaktere sind ein Musterbeispiel für das von der Gesellschaft erwartete geschlechtsspezifische Verhalten. Sie entsprechen dem Drehbuch der Gesellschaft, das die Rollen für Mann und Frau festlegt. Laut Drehbuch hat der Mann die Aufgabe, sich gemäß der typisch männlichen Fähigkeiten und Kompetenzen zu verhalten, er ist in der Mann-Frau-Beziehung die aktive Kraft. «Echte Männer», so wird ihm vorgeschrieben, sind unabhängig und selbständig. Sie sind aggressiv, ehrgeizig und wettbewerbsfreudig. «Echte Männer» sind Führerpersönlichkeiten, sie sind dominante, zupackende Macher. «Echte Männer» ergreifen die Initiative, denken analytisch und zeigen niemals Schwächen oder Gefühle, die dem weiblichen Geschlecht zugeordnet sind.

Die Rolle der Frau ist eine andere. Nicht das Machen und Tun ist ihre Domäne, sondern das Miteinander, das Verbundensein. Eine richtige Frau soll zärtlich sein, sanft und einfühlsam. In ihrem Verhältnis zu anderen ist sie kooperativ und im zwischenmenschlichen Bereich feinfühlig.

Männer mit dem Kümmerer-Syndrom spielen ihre Rolle, wie die Gesellschaft sie ihnen vorgeschrieben hat. Sie müssen häufig vorgeben, anders zu sein, als sie sind, weil sie zwar immer wieder versuchen, die Bedingungen für die «echte Männlichkeit» zu erfüllen, ihnen aber nie genügen können. Und in dem Maße, in dem ihr Bemühen nicht den unerreichbaren, übertriebenen und idealisierten Maßstäben der typisch männlichen Fähigkeiten und Kompetenzen entsprechen kann, wachsen ihre Selbstzweifel, was bedeutet, daß sie sich nur noch mehr unter Druck setzen, um die Fassade aufrechtzuerhalten und wie ein echter Mann zu wirken.

Und so befindet sich ein Mann mit dem Kümmerer-Syndrom in einer fatalen Spirale. Er glaubt, daß er sich nur per Bestätigung seiner Männlichkeit durch die Frau von den quälenden, immer stärker werdenden Selbstzweifeln befreien kann, eine Bestätigung, die die Frau aber nur «echten Männern» schenkt. Er versteht nicht, daß nur in Märchen Frösche zu Prinzen werden, nachdem sie die Liebe einer Frau gewonnen haben. Wer sich aber innerlich wie ein Frosch fühlt, kann nur durch eigene Initiative dieses negative Selbstbild überwinden.

Kümmerer fallen selten aus der vorgeschriebenen Rolle. Nur wenige Männer können behaupten, ihr Leben lang dieser Falle entgangen zu sein. Irgendwann einmal hat fast jeder Mann versucht, die «angemessene» Rolle zu spielen.

So zum Beispiel auch Fred Comb. Er fiel schon früh dem Kümmerer-Syndrom zum Opfer. «Ich ging noch aufs College, als ich diese sehr intensive Beziehung zu einer Frau hatte. Als sie zu Ende ging, war ich völlig fertig. Aber ich wurde dadurch erwachsen, mein Leben veränderte sich. Meine Freundin hatte die Rolle des schüchternen, kleinen Mädchens gespielt, anhänglich und kindlich, jemand, den man behüten und beschützen mußte. Zumindest hatte ich den Eindruck. Und ich kam mir dadurch erwachsen und wichtig vor. Am Anfang unseres Gesprächs habe ich das noch nicht so klar gesehen, aber jetzt, da wir darüber sprechen, weiß ich, daß es mir damals so vorkam.»

Ich fragte, ob er ihr Verhalten anziehend fand.

«Ja, sehr. Sie wurde so wichtig für mich, daß ich nahezu alles um mich herum vergaß. Es war wahrscheinlich die intensivste Beziehung, die ich mit einer Frau je hatte. Ich lernte sie bei einer Veranstaltung auf dem Campus kennen. Mir fielen als erstes ihre Augen auf. Sie war attraktiv und zierlich. Sie war diszipliniert und strahlte ein ungeheures Selbstbewußtsein aus. Es klingt vielleicht merkwürdig, daß sie auf der einen Seite schüchtern und mädchenhaft war, auf der anderen Seite aber selbstbewußt wirkte. Doch irgendwie paßte es zusammen. Sie drängte sich ganz sicher nicht in den Mittelpunkt, aber es war offensichtlich, daß dieser Mensch eine Menge Selbstbewußtsein besaß und sich seiner selbst sicher war, man sah ihr das geradezu an.»

Ich versuchte, mehr über diesen merkwürdigen Widerspruch in ihrem Verhalten zu erfahren, und fragte: «Und dennoch kam sie Ihnen immer noch wie ein kleines Mädchen vor?»

«Ja, ganz sicher, sie spielte die Rolle perfekt. Ich kann mich nicht an eine ganz bestimmte Situation erinnern, mehr, wie sie sich in Worten und Gesten mir gegenüber ausdrückte, spielerisch, niedlich, kokett. Ihre Briefe enthielten zum Beispiel immer irgendwelche drolligen Zeichnungen, sie machte mir kleine Geschenke, sandte mir Aufmerksamkeiten. Wenn ich sie besuchte, schien sie immer stolz auf mich zu sein, wollte mit mir angeben, wollte mich vorzeigen. Mir fallen jetzt leider keine besonderen Einzelheiten mehr ein.»

«Was für einen Einfluß hatte das auf Sie?»

«Das ist eine schwierige Frage, auf die ich nicht gleich eine Antwort weiß. Ich weiß, daß ich mich sehr gut fühlte, nicht nur geliebt und verliebt, sondern ich lebte konzentriert und energiegeladen. Mein Leben war wunderbar, und alles lief, wie ich es mir nur wünschen konnte. Diese Beziehung beeinflußte also ganz offensichtlich auch mein äußeres Leben auf eine positive Weise. Ich liebte das Leben und wollte gute Arbeit leisten!»

Wie mochte diese «perfekte» Beziehung ihn dazu getrieben haben, auch ein «perfekter» Mann zu sein. Ich fragte: «Sie wollten gute Arbeit leisten?»

«Ja, ich wollte alles leisten, wozu ich in der Lage war. Ich weiß nicht, ob ich ihr etwas beweisen wollte oder ob ich mich so einsetzte, weil sie mich motivierte, aber fest steht, daß ich zu der Zeit so motiviert war wie nie in meinem Leben. Ich bin zwar immer ziemlich ehrgeizig gewesen. Ich weiß nicht, ich versuche auszudrücken, was die Beziehung für mich bedeutete, warum ich mich in der Zeit so gut gefühlt habe. Ich kam mir so richtig wie ein Glückspilz vor. Alles war so perfekt und gut in meinem Leben, und ich dachte, wenn es doch immer so weitergehen könnte. Ich war ein Glückskind, mein Leben war vollkommen.»

«Wenn Sie mit ihr zusammen waren, kamen Sie sich ‹komplett› vor, dann fehlte Ihnen nichts? Sie fühlten sich irgendwie beflügelt?»

«Ja, beflügelt ist das richtige Wort. Und ich war es nicht nur, wenn ich mit ihr zusammen war, sondern ich stand morgens schon freudig auf. Es war eine sehr positive Zeit in meinem Leben.»

Die Beziehung hatte magische Züge. Die Freundin war präsent, selbst wenn sie nicht bei ihm war, und Fred verhielt sich entsprechend, er fiel nie aus der Rolle. Ich sagte: «Sie war präsent, selbst wenn sie nicht körperlich bei Ihnen war?»

«Ja, sie war Teil meines Lebens.»

«Sie war Teil Ihres Lebens», wiederholte ich und fragte dann wieder: «Wie reagierten Sie denn auf dieses kleine

Mädchen in ihr? Wie fühlten Sie sich, wenn sie das kleine Mädchen herauskehrte?»

«Ich vermute, ich wurde dann zum großen Beschützer. Ich erinnere mich, daß sie einmal sagte, es habe sie bei unserem ersten Kennenlernen sehr beeindruckt, daß ich offenbar unter meinen Kameraden viel zu sagen hatte. Sie glaubte, daß ich eine wichtige Rolle spielte, und sie wollte mich in diesem Gefühl noch bestärken. Und ich glaube, ich fand es höchst angenehm, daß sie diese Qualitäten in mir sah.»

Ich fragte, ob er nun der Beschützer geworden war. Aus seiner Antwort geht deutlich hervor, wie wichtig sein «männliches Verhalten» in der Beziehung zu dieser Frau gewesen war.

«Ich weiß nicht so recht. Beschützer ist nicht ganz das richtige Wort. Wenn ich mir vorstelle, wie ich sie in den Arm nahm, dann hatte ich damit schon so ein bißchen ein ‹beschützendes› Gefühl. Aber eigentlich ist es nicht der richtige Ausdruck, denn ich beschützte sie ja nicht vor irgend etwas. Aber ich war immer größer und mächtiger, das trifft es wohl eher: Ich war mehr ein potentieller Beschützer.»

Vor mehr als zwanzig Jahren fühlte Fred Comb sich wie ein «potentieller Beschützer». Ergebnisse öffentlicher Umfragen, aber auch andere Untersuchungen lassen den Schluß zu, daß die Gesellschaft die Rolle des Mannes umgeschrieben hat. Der «neue» Mann hat Eigenschaften, die früher nur Frauen zugeordnet wurden. Manche Männer haben jetzt weniger Hemmungen, sich auch fürsorglich, sensibel, kooperativ und sanft zu zeigen. Für sie sind Familie und menschliche Beziehungen im Vergleich zu Arbeit und Leistung in der Bedeutung gestiegen. Diese neue Rolle ist weniger «machistisch». Männer müssen nicht mehr dem Prototyp des «echten Mannes» nachstreben, der die vorgeschriebenen männlichen Fähigkeiten und Kompetenzen besitzt, sondern dürfen einfach Menschen sein, die sich je nach Situation männlich entschiedener und dann wieder weiblich vermittelnder verhalten können.

Seltsamerweise bringt dieses neue Ideal nicht nur potentiell Vorteile für die Mann-Frau-Beziehung, sondern ermöglicht auch eine besonders gut getarnte Version des Kümmerer-Syndroms. Ich habe mit mehreren Männern gesprochen, die diese neue Rolle auszufüllen schienen, in Wirklichkeit aber immer noch nach den alten Vorschriften handelten und die alten Erwartungen hatten.

Männer mit dieser neuen Version des Kümmerer-Syndroms lassen sich am besten daran erkennen, wie verbissen und humorlos sie jetzt darauf bestehen, sich auf eine Art und Weise zu verhalten, die sonst nur Frauen vorbehalten war. Danny Alterwine, 24, ist geschieden und arbeitet in der Gastronomie. Er sagt: «Missy war eine unglaublich schöne Frau, ich konnte sie immer nur ansehen. Von Anfang an war es so, daß ich beschloß, unsere Beziehung müsse mehr sein als die übliche Liebesgeschichte.»

Ich sagte nichts zu seinem «ich beschloß». Wenn man bedenkt, was er alles sonst noch im Verlauf des Gesprächs äußerte, konnte man im Rückblick erkennen, daß bereits in dieser Wortwahl das Kümmerer-Syndrom deutlich wurde.

«Ich hatte meinen Vater viele Jahre lang beobachtet, wie er meine Mutter behandelte. Er war ein richtiger Macho-Typ. Er gab ihr nie emotionelle Zuwendung, zeigte keine Gefühle. Er sorgte für sie, aber als Mensch, als Partner... [schüttelt den Kopf]. Sie brauchte meine Schwester und mich, ich war der Älteste, wir waren sehr wichtig für sie. Und schon damals nahm ich mir vor, daß meine Beziehung zu meiner Frau anders sein würde.

Ich warf ein: «Mit Missy, hatten Sie beschlossen, sollte alles anders werden?»

«Ja, ich wollte diesen alten Blödsinn nicht mitmachen, wollte auf diese Fallstricke nicht hereinfallen. Aber sie hat es nie kapiert, sie war einfach noch nicht soweit.»

«Noch nicht soweit?»

«Nein, auf keinen Fall.»

«Wie weit?»

«Also, ich war nicht bereit, all diese männlichen Dinge zu tun, nur weil ich ein Mann war. Wenn sie das richtig verstanden hätte, wäre alles gut gewesen. Ich tat meinen Teil dafür, aber sie begriff es nicht. Sie konnte mit einem solchen Partner nichts anfangen, und ich erhielt keinerlei Anerkennung von ihr für das, was ich tat, für all meine Mühe.»

Danny Alterwines Geben in seiner Beziehung zu Missy war zweckgebunden. Er wollte etwas dafür eintauschen: «Wenn sie das richtig verstanden hätte, wäre alles gewesen», sagte er. Aber man darf sich davon nicht täuschen lassen: verbissen emanzipierte Männer wie Danny spielen auch nur eine Rolle. Ihr Verhalten ist zwar anders, aber sie handeln aus der gleichen Motivation heraus wie ihre mehr traditionellen Brüder. Sie bestehen auf ihrer Art des Verhaltens und zeigen die gleiche Rigidität wie Männer mit dem Syndrom. Sie haben feste Vorstellungen davon, was sie tun müssen, um die ersehnte Belohnung von den Frauen zu erhalten. Ein von dem Kümmerer-Syndrom wenig belasteter Mann ist in seiner Beziehung zu Frauen sehr viel flexibler und anpassungsfähiger.

Ich bat Dr. Alice Thena, Beziehungen mit Männern zu beschreiben, die frei von den Symptomen des Kümmerer-Syndroms waren. Dabei erwähnte ich das Syndrom nicht, sondern beschrieb nur die Symptome. Ihre Charakterisierung dieser positiveren Mann-Frau-Beziehungen klang ganz anders als das, was Danny Alterwine über sein Verhältnis zu seiner Frau gesagt hatte. Anfangs mag man vielleicht überrascht sein, daß sie manche traditionelle geschlechtsspezifische Verhaltensweisen durchaus zu akzeptieren vermag. Für Frau Dr. Thena jedoch scheint sich die Loslösung von dem Syndrom darin auszudrücken, daß beide Partner sich je nach Situation unterschiedlich verhalten könnten, wobei manches als geschlechtsspezifisch charakterisiert werden kann und anderes nicht.

«Überlieferte Verhaltensweisen für Mann und Frau sind beiden Partnern vertraut, Frau und Mann sind entsprechend erzogen worden, es machte das Leben in der Gemeinschaft einfacher. Beide Partner wissen, wie sie sich zu verhalten haben, und verstehen auch das Verhalten des anderen. Es verbindet sie mehr, als es sie trennt.»

«Warum aber wirkt sich in manchen Beziehungen das typisch männliche Verhalten so destruktiv aus, während es in anderen nicht stört?»

«Es ist destruktiv, wenn die ganze Beziehung auf ein geschlechtsspezifisches Verhalten aufgebaut ist, wenn Mann und Frau sozusagen einen Vertrag geschlossen haben, der sie an ein ganz bestimmtes Verhalten bindet. Niemand fühlt sich immer in ein und derselben Rolle wohl. Wenn man sich aber abwechselt, dann werden bestimmte Verhaltensweisen gar nicht erst zum Thema. Manche Menschen übernehmen in der einen Situation die Verantwortung, andere in einer anderen. Das gleicht sich aus. Wenn aber jemand immer die Rolle des Beschützers spielt und der andere immer die des zu Beschützenden, dann gibt es Schwierigkeiten. Wenn man zum Beispiel in einer heterosexuellen Beziehung einmal nicht diskutieren möchte, wer nun was macht, dann kann jeder in seine traditionelle Rolle zurückfallen, ohne daß es etwas ausmacht oder übelgenommen wird. Man braucht gar nicht zu überlegen. Wenn mein Mann Donald und ich zum Beispiel beide müde sind und nach Hause fahren müssen, dann fährt er.»

«Sie sprechen nicht einmal darüber, wer am Steuer sitzen soll?»

«Nein, es ist selbstverständlich.»

«Er übernimmt also das Ruder.»

«Ja, er übernimmt in diesem Fall. Wenn das Haus furchtbar unordentlich ist, und wir sind beide müde, dann übernehme ich das.»

«Sie räumen auf?»

«Ja, ohne daß ich weiter darüber nachdenke. Es ist meine Sache, nicht seine. Dennoch läuft in unserem Haushalt alles sehr gleichberechtigt ab. Als wir neulich auf einem Formular eintragen sollten, wer hauptsächlich für das Kind sorgt, da hatten wir Schwierigkeiten. Er übernimmt das Kind ebenso selbstverständlich, obgleich er wegen seiner langen Anfahrt zum Arbeitsplatz etwas weniger Zeit mit ihm verbringt.»

«Sonst sehen Sie keinerlei Unterschiede?»

«Nein. Natürlich gibt es Kleinigkeiten, die wir automatisch vom Partner erwarten, aber die haben wirklich nichts damit zu tun, ob er der Beschützer ist und ich seine Helferin.»

Männer und Frauen, die von dem Syndrom weitgehend frei sind, reagieren je nachdem, wie es die Situation von ihnen verlangt. Manchmal greifen sie aktiv ein, und manchmal hören sie nur zu und nehmen Anteil. Ihr Verhalten ist nicht vorgeschrieben und beruht auch nicht auf der Annahme, daß sie von dem Partner eine ganz bestimmte Belohnung bekommen, wenn sie sich auf eine gewisse Weise verhalten.

Es ist interessant, die Gedanken und Gefühle von Danny Alterwine und Fred Comb mit denen von Bobby Soprisa (46) zu vergleichen. Bobby ist Polizist. «Ich entwickle meistens ein enges Verhältnis zu meinen Kollegen. Ich bin weniger erfolgreich in meiner Arbeit, wenn Menschen mich nicht an sich herankommen lassen. Ich habe in meiner achtzehnjährigen Berufslaufbahn wirklich das Glück gehabt, daß ich mit den meisten Vorgesetzten und Mitarbeitern eine gute Beziehung aufbauen konnte. Diese engen persönlichen Beziehungen bedeuten mir viel und geben mir wahrscheinlich mehr Befriedigung als die Arbeit selbst. Die meisten dieser Beziehungen hatte ich zu Männern, weil ich in meinem Beruf mehr mit Männern zu tun habe. Es ist meine Erfahrung, daß Frauen im allgemeinen offener sind und bereit, eine gewisse Verletzlichkeit zu riskieren, um den anderen mehr als nur oberflächlich kennenzulernen.

Er führte näher aus, was ihm an diesen Beziehungen so gefiel: «Wenn ich es mir recht überlege, dann ist es einfach befriedigend zu wissen, daß sie mich besser kennenlernen wollen, mich als Menschen und nicht als Polizisten oder Autorität. Und dieses Kennenlernen findet während des normalen Arbeitstages statt, in der Art und Weise, wie wir miteinander umgehen. Man erzählt sich Geschichten aus seinem Leben, macht Scherze und dringt doch unter die Oberfläche, erkennt, daß und wie der andere auf einen reagiert.

Dieser «eine» ist Bobby Soprisa, nicht seine Uniform oder sein Dienstgrad, auch nicht das geschlechtsspezifische Bild von dem, wie ein Mann zu sein oder wie eine Frau sich ihm gegenüber zu verhalten hat. Menschen wie Bobby Soprisa können selbstbewußte Männer sein, weil sie sich nicht gezwungen fühlen, den Mann zu mimen. Je nach Umständen und Naturell sind sie mehr oder weniger entschlußfreudig, analytisch, fürsorglich und mitfühlend. Sie halten sich nicht an ein Rollenskript, das vorschreibt, wie ein «echter Mann» zu sein hat.

Des einen Ballast werde
nicht zum Köder für den anderen

Colette Dowling schreibt in ihrem Buch «Der Cinderella-Komplex» über Frauen: «Die meisten von uns haben noch keine echte Entscheidung über ihr Leben getroffen. Der Versuch, eine Situation aufrechtzuerhalten, in der wir weder unsere Unabhängigkeit *noch* unsere Abhängigkeit aufgeben, entzieht uns Energie. Wir beschuldigen die Männer, weil sie sich nicht verändern, aber unbewußt sind wir bereit, sie hinzunehmen, wie sie sind.» (Seite 205)

Etwas Ähnliches läßt sich auch über die Einstellung der Männer zu Frauen feststellen. Manchmal, ohne genau zu wissen warum, haben viele Männer doch eine recht zwiespältige Beziehung zu der Veränderung der Frauenrollen. Oder sie lehnen eine solche Veränderung strikt ab, weil sie glauben, daß ihnen dann die wichtige Möglichkeit einer Bestätigung ihrer Männlichkeit genommen würde. Denn was würden die Männer tun, wenn sie feststellen müßten, daß Frauen selbständig und kompetent sind? Für wen würden sie sorgen? Wen könnten sie beschützen? Wie könnten sie die Frauen dazu bringen, ihnen aus Dankbarkeit ihren Schatz zu schenken, der ihnen auf immer den Zweifel an ihrer Männlichkeit nimmt?

Die Männer, die in bezug auf die veränderte weibliche Rolle zwiespältige Gefühle haben oder gar vollkommen dagegen sind, werden immer wieder von dem typischen femininen Verhalten angezogen: Sie reagieren auf Anzeichen von Hilflosigkeit und Abhängigkeit wie Nachtfalter auf eine entfernte, flackernde Flamme. Die kulturell tief verankerte Abhängigkeit der Frau, die Männer seit jeher gefördert und ausgenutzt haben, ist nicht nur ein Ballast, den Frauen zu tragen haben. Sie ist auch ein Köder für denjenigen, der für das Kümmerer-Syndrom anfällig ist.

Ein gehauchtes «Du bist so stark» oder «Ich brauche jemanden wie dich, der für mich sorgt» genügt im allgemeinen schon, um den Mann zum typischen Kümmerer zu machen. Auf diese Weise sind die ambivalenten Cinderellas, von denen Colette Dowling berichtet, selbst für das typisch männliche Verhalten ihres Partners verantwortlich, was wiederum die Frauen nur noch mehr unter Druck setzt, sich weiterhin wie Cinderella von Männern dominieren zu lassen.

Linda Belsur (28) ist Sekretärin. Sie berichtete mir, wie sie William kennengelernt hatte: «Sein Mannsein ging ihm über alles. Können Sie sich das vorstellen? Ich spürte, daß ihm das sehr wichtig war. Ich habe vielleicht ein Frankenstein-Monster geschaffen, aber ich habe daraus gelernt. Es fing wahrscheinlich damit an, daß er anhielt, um mir zu helfen. Mein Auto streikte, und ich flötete: ‹Oh, Sie sind ein wunderbarer Mechaniker!› Das stimmte auch. Er war Klempner oder arbeitete für einen Klempnerbetrieb.»

«Wenn er ein guter Mechaniker ist, warum sollten Sie ihm das denn nicht sagen?»

«Warum? Weil es eben nicht der Mechaniker war, den ich da lobte. Es war der Mann. Ich sah ihn kokett von unten her an und wiegte mich leicht in den Hüften. Das Wesentliche war nicht, was ich sagte, sondern was er daraus entnehmen mußte: ‹Du: großer, starker Mann – ich: kleines, hilfloses Mädchen.› Seit der Zeit mußte er sich ja immer entsprechend verhalten. Und er versuchte es, es war unmöglich, nein.»

Linda sah in ihrem typisch weiblichen Verhalten einen Köder für William. Er fühlte sich davon angezogen und reagierte auf die Signale, die sie aussandte. Ohne ein Wort war der Pakt geschlossen. Er würde sich wie ein «echter Mann» verhalten, und als Belohnung dafür würde sie die dankbare, abhängige Frau sein. Es kam ihr vor, als hätte sie Frankensteins Monster geschaffen. (Dieses Monster ist in diesem Zusammenhang wirklich ein interessantes Symbol: Es ist nicht eigentlich ein Mann, ist weder tot noch lebendig und ist aus Teilen verschiedener Männer zusammengesetzt worden.) Um schließlich das Monster (William) loszuwerden, mußte Linda die Beziehung zerstören.

Tom Granman, ein Staatsangestellter, sprach über sein Verhältnis zu Frauen an seinem Arbeitsplatz. Seine Erfahrungen sind ähnlich wie die Lindas und zeigen, daß sich nicht alle Männer von dem typisch weiblichen Verhalten, dem Ballast, den die Gesellschaft den Frauen aufgebürdet hat, beeindrucken und ködern lassen: «Ich habe mit zwei Frauen zusammengearbeitet und habe sie auch recht gut kennengelernt. Sie kommen mit jedem privaten oder beruflichen Problem zu mir und erwarten, daß ich ihnen helfe. Früher hatte ich geglaubt, daß es eigentlich meine Pflicht sei, Frauen, die anscheinend Hilfe brauchten, zu beraten und ihnen zu helfen. Aber ich komme immer mehr dahin, daß ich ein solches Verhältnis nicht mehr will.»

«Sie wollen nicht mehr?»

«Also, es ist nicht so, daß ich ihnen nicht bei der Lösung eines echten Problems helfen möchte, daß ich nicht Unterstützung gebe, wenn jemand wirklich in Not ist. Ich habe eine andere gute Bekannte, Sharon, von der ich viel halte, die echte Probleme hat. Sie weiß manchmal nicht weiter und bittet mich dann auch um Rat. Wenn ich aber versuche, ihr bei ihren Problemen zu helfen, dann habe ich das Gefühl, daß es auch auf fruchtbaren Boden fällt. Sie will wirklich wissen, was ich von der Situation halte, sie braucht meine Hilfe wirklich. Bei meinen Kolleginnen kommt es mir mehr und mehr nur wie eine Art Spiel vor, ein Vorgang, der mir immer wieder beweisen soll, daß sie mich ‹brauchen›, ich habe nicht das Gefühl, daß sie selbst an eine Lösung der Probleme glauben, mit denen sie mich belatschern. Sie können wohl nicht anders, sie brauchen es, daß ich mir Gedanken ihretwegen mache, daß ich versuche zu helfen. Doch im Grunde wollen sie gar nicht, daß die Probleme wirklich gelöst werden, denn dann müßten sie ja endlich einmal Verantwortung für ihr Leben übernehmen.»

Maurice Mandars Frau hatte ihm auch immer wieder Signale gesandt, was sie von ihm als Mann erwartete. Anfangs war er nur allzu bereit, sich davon leiten zu lassen. Als er aber schließlich im Laufe der Zeit feststellte, was sein eigenes Verhalten nicht nur für ihn selbst bedeutete, sondern auch für seine Frau und für ihre Beziehung zueinander, versuchte er sich von diesem Köder fernzuhalten. Leider war es schon zu spät, und die Ehe zerbrach.

Maurice berichtet: «Wie sich später zu meiner Überraschung herausstellte, hatte sie immer gehofft, mich verändern zu können.»

«Was wollte sie aus Ihnen machen?»

«Sie wollte mich zu dem machen, was sie unter einem richtigen Mann verstand, das bedeutete, jemand, der bodenständiger und praktischer und weniger intellektuell war als ich. Jeder von uns hatte bestimmte Reizworte, die er dem anderen an den Kopf warf, ich kann mich aber nicht mehr so richtig an sie erinnern. Sie war aber bestimmt davon überzeugt, daß ein Mann wie ich kein ‹richtiger› Mann sei.»

«Sie hielt Sie nicht für einen ‹richtigen› Mann?»

«Nein. Ich glaube, was sie am meisten störte, war, daß ich mich Lastwagenfahrern, Kneipengängern und so weiter überlegen fühlte. Ich habe mich weiß Gott bemüht, das abzustellen, und, wie ich dachte, eigentlich auch mit Erfolg. Es war gar nicht so leicht, mit einer bestimmten Sorte von Menschen in meinem Beruf umzugehen und mich dann zu Hause an einen anderen Typ Mensch anzupassen. Und ich hatte auch das Gefühl, daß sie sich gar nicht bemühte, sich über einen bestimmten Punkt hinaus zu entwickeln, und das nahm ich ihr übel.»

Hier sprach der Kümmerer aus ihm; gleichzeitig aber hatte er durchschaut, wie der geschlechtsspezifische Ballast zum Köder für den Partner werden konnte: «Ich glaube, am Anfang unserer Beziehung war es einfach aufregend, daß wir so unterschiedlich waren. Diese beinahe exotische Andersartigkeit schürte Leidenschaft und sexuelles Begehren, aber auch Abhängigkeit. Es war interessant, wie wir Dinge aus verschiedenen Perspektiven sahen und beurteilten, so als ob man mit einem Menschen aus einem fremden Land zusammenlebt. Sobald aber der Reiz des Neuen verblaßte, blieben eben zuwenig Gemeinsamkeiten übrig. Wir hatten kaum noch etwas, worüber wir uns unterhalten konnten. Ich beschäftigte mich stundenlang mit Dingen, deren Faszination für mich sie nicht begreifen konnte, und es kam ihr so vor, als ob ich abwesend war, selbst wenn ich zu Hause saß. Auf der anderen Seite konnte ich auch nur begrenzt ihre Art von Vergnügungen ertragen, mit Freunden herumzuhängen, Bier zu trinken und Karten zu spielen. Heute kann ich mir kaum noch vorstellen, warum wir uns überhaupt einmal ineinander verliebt haben. – Ja, wir lebten uns einfach auseinander, ohne daß es jemals zu einer echten Krise kam. Ein oder zwei Jahre blieben wir noch aus Schuldgefühlen zusammen und hatte beide nicht den Mut zu sagen: ‹Es ist genug, es hat keinen Sinn mehr, ich gehe.› Wir wußten beide, daß es so kommen mußte, aber als ich dann schließlich soweit war und es aussprach, war ihre Reaktion: ‹Du willst mich etwa verlassen nach all der Zeit, die wir zusammen waren!?›»

Maurice hatte keine Lust mehr, den «typischen» Mann zu spielen, der versuchte, nach den Regeln der männlichen Fähigkeiten und Kompetenzen zu leben. Er wollte nicht länger immer wieder auf den Köder reagieren, den seine Frau unbewußt für ihn auslegte, und er wollte auch für sie durch ein typisch männliches Verhalten kein Köder mehr sein. Ich bat ihn, näher auszuführen, was seine Frau von ihm erwartet hatte und was er nicht länger gewillt war zu erfüllen.

«Ich war kein Supermann! Irgendwie habe ich sie doppelt enttäuscht. Zum einen sollte das Leben mit mir für sie magisch und wunderbar sein, voller glücklicher Überraschungen, und das war es nicht.» (Trotz seiner anfänglichen Versprechen hatte der Märchenprinz sie nicht in eine Prinzessin verwandelt, die bis an ihr Lebensende glücklich und zufrieden leben konnte.) «Und dann hatte ich geglaubt, daß ich zu allem fähig sei.» (Er lachte laut auf, weil er merkte, wie sehr das nach Kümmerer-Syndrom klang.) «Ich war sicher gewesen, ich sei so etwas wie ein Supermann. Ich hatte geglaubt, daß ich mich in einer Fernfahrerkneipe ebenso zu Hause fühlen könnte wie im Museum.»

Er hatte vorher in unserem Gespräch Hollywoodstars wie Cary Cooper und Humphrey Bogart erwähnt, die die verschiedensten Typen von Männern überzeugend darstellen konnten. Deshalb fragte ich jetzt: «So wie Cooper und Bogart?»

«Genau. Cooper war als einfacher Polizist ebenso überzeugend wie als nobler Architekt. Mein Gott, ich will doch nicht mehr zwanzig sein und glauben, daß ich alles kann! Ganz sicher nicht.»

Ich beruhigte ihn: «Das brauchen Sie auch nicht.» Aus seiner Antwort, die nur aus zwei Worten bestand, sprach deutlich eine erstaunliche Selbsterkenntnis und eine offensichtliche Erleichterung darüber, daß er sich von den Versuchungen und den Belastungen des Kümmerer-Syndroms so ziemlich befreit hatte:

«Ich weiß!»

Geben bedeutet mehr als Handeln

In meinem Gespräch mit Dr. Alice Thena sprach sie auch an, wie Männer mit der emotionalen Seite einer Mann-Frau-Beziehung umgehen: «Sie sind so sehr damit beschäftigt, die Frau zu beschützen, daß sie nicht viel von sich preisgeben. Sie schützen und stellen sich selbst zurück. Auch als Freund läßt sich ein Mann nie als der erkennen, der er wirklich ist. Man erfährt einfach nicht viel von ihm; seine Ängste, seine Sorgen, alles behält er für sich. Wenn man wissen möchte, wie es denn in seinem Leben aussieht, dann hört man nur immer, daß alles prima läuft. Er schafft es schon!»

Männer mit dem Kümmerer-Syndrom können Alice Thenas Feststellungen sicher nicht recht verstehen. Vielleicht würden sie ihrerseits mit Fragen kommen wie: «Wie kann man Männer denn wirklich kennenlernen? Etwas von ihnen erfahren? Von ihren Ängsten, Sorgen und Kümmernissen hören?» Und dann vielleicht selbst die Antwort geben: «Man kann es nicht. Es ist albern, sich überhaupt um solche Dinge zu kümmern. Männer haben immer mit allem fertig zu werden. Männer müssen immer alles managen können, müssen die richtigen Entscheidungen treffen. Das wollen und brauchen Frauen doch. Ängste und Sorgen zuzugeben würde doch die Rolle des Mannes nur unterminieren. Frauen würden jeglichen Respekt vor ihnen verlieren.»

Der Kümmerer glaubt, daß in seiner Beziehung zu

Frauen Geben und Handeln identisch sind. Handeln wiederum bedeutet «sich wie ein Mann benehmen». Durch Handeln kann man sich die Belohnung der Frau verdienen. Männliches Handeln ist also ein Tauschmittel, es ist zweckgebunden. Bei dieser Art des Gebens will der Mann nicht selbstlos etwas mit der Frau teilen, sondern er erwartet etwas dafür.

Was Männer ihren Frauen geben, hängt davon ab, zu welchem Kümmerer-Typus sie gehören: Der *Verehrer* gibt, indem er etwas für die Frau tut. Dafür erwartet er als Belohnung den Schatz seiner Frau/Göttin. Das Geben des *Erziehers* besteht aus dem Entwickeln, Belehren und Leiten der Frau (diesem armen, armen ungeschliffenen Diamanten), damit sie ihn dann mit dem libidinösen Schatz beglückt, den sie seiner Meinung nach besitzen muß. Und der *Lanzelot* produziert sich vor ihr, hofft, daß er die Frau so beeindruckt, daß sie seine Gaben annehmen kann und ihm gern die ersehnte Bestätigung seiner Männlichkeit als Belohnung zukommen läßt.

Kümmerer geben, um zu kriegen – nach der römischen Devise «Do, ut des»: Ich gebe dir etwas, damit du mir etwas gibst. Wenn sie sich mit ihrer Partnerin streiten, dann beklagen sie sich häufig lautstark: «Und das nach allem, was ich für dich getan habe!» Sie zählen mit der Akribie eines Buchhalters auf, was sie alles für die Frau geleistet haben. Und sie sind vollkommen überrascht, wenn die Frau ihnen entgegnet, daß sie sich immer allein gefühlt habe, daß sie nie echte Partner gewesen seien, daß sie den Eindruck gehabt habe, für allzu selbstverständlich genommen worden zu sein, wie ein altes vertrautes Möbelstück.

Manny Delsol, ein Musiker, war schockiert, als seine Partnerin ihm das vorwarf. Aber es war der Anfang seiner Abkehr vom Kümmerer-Syndrom: «Sie ist eine wunderbare Frau, das Beste, was einem passieren kann. Und als

sie das sagte, Mann, da kam mir die Erkenntnis, sie spricht
ja von mir! Plötzlich war mir so vieles klar, als ob einer die
Fenster weit geöffnet hätte und das Sonnenlicht hinein-
käme. Sie hatte ja so recht! Es mußte einiges verändert
werden.»

«Was hatte sie denn gesagt, Manny? Was hatte die Fenster aufgestoßen und Licht hereingelassen?»

«Daß ich nicht eigentlich wirklich als ganzer Mensch
anwesend war. Daß ich mein Inneres nie zeigte. Daß ich
nur äußerlich vorhanden war und innerlich nichts an mich
heranließ. Und ich hatte gedacht, daß ich so sein müßte.
Meine Musik war sehr wichtig für mich, ich arbeitete hart,
um einen guten, neuen Sound zu entwickeln, und ich hatte
gute Leute, mit denen ich zusammenarbeitete. Es ging ein
paar Jahre so. Und sie sagte: ‹Du bringst mir kleine Überraschungen, Geschenke und Blumen, aber das sind doch
nur Äußerlichkeiten, Manny. Innerlich bist du weit von
mir entfernt. Du lebst dein Leben, aber ich bin kein Teil
davon.›»

«Und was haben Sie darauf geantwortet?»

«Es sei aber doch unser Leben, nicht nur meins. Was ich
tat, was mit mir passierte, war doch genauso für sie, vielleicht sogar mehr für sie als für mich. Zum Beispiel war ihre
Familie nicht besonders glücklich mit mir. Und ich wollte
doch, daß sie stolz auf mich sein konnte. Ich wollte für diese
phantastische Frau etwas ganz Besonderes sein. Und ich
hatte doch nur die Musik, wenigstens glaubte ich das damals. Ich wollte für sie sorgen, so wie jeder andere Typ, der
seinen Job in einer Fabrik oder sein tolles Büro im höchsten
Stockwerk eines Hochhauses hat, für seine Frau sorgt.»

«Für sie sorgen? Sie meinen, finanziell?»

«Ja sicher, das auch. Aber auch sonst, womit ein Mann
eine Frau versorgt, am Eßtisch, im Bett, Schmuck, bedeu-
tende Freunde, daß sie sich um nichts Sorgen machen

muß… All das bedeutet doch, für eine Frau zu sorgen. Ich war irgendwie seelisch krank und wußte es nicht einmal. Ich hatte diese Krankheit von der Gesellschaft übernommen. Ich dachte, ich sei ganz normal. Aber jetzt sagte ich mir: ‹Ich will diese Frau nicht verlieren.› Und ich weinte, Harvey, ich weinte wirklich und öffnete mich ihr wie nie zuvor. Wir blieben auf bis fünf oder sechs Uhr morgens. Und ich sagte ihr alles, sprach über meine Ängste, meine Sorgen, alles. Ich wollte wieder neu beginnen. Sie hatte mich immer geliebt, und ich war nie für sie dagewesen. Aber wie konnte ich auch? So wie ich war, konnte mich doch keiner lieben. Ich hatte eine so schlechte Meinung von mir selbst. [Er schlug sich gegen die Brust.] Ich mußte ihr Dinge geben, weil ich mich ihr nicht selbst geben konnte. Warum sollte ich sie mit mir belasten? Ich hatte es doch noch nicht geschafft!»

«Sie konnten nicht für sie sorgen?»

«Nein.»

Wie so viele andere Männer fühlte sich auch Manny der Frau unwürdig. Denn er konnte doch die Maßstäbe der idealisierten typisch männlichen Fähigkeiten und Kompetenzen nicht erfüllen. Da er glaubte, daß keine Frau ihm, so wie er war, die ersehnte Bestätigung geben würde, tat er das, was Männer mit dem Syndrom üblicherweise tun: Er versuchte ihre Liebe als Belohnung für das zu erhalten, was er ihr (in Form von männlichem Handeln) geben konnte.

Aber Manny hatte Glück. Er war an eine Frau geraten, die sich nicht nach den geschlechtsspezifischen Regeln der Gesellschaft richten wollte. Sie sprach ehrlich mit ihm und konnte ihn überzeugen, daß Geben aus mehr besteht als nur aus Handeln. Sie wollte seine Fürsorge nicht, sie wollte ihn als Menschen. Und so löste sich die Beziehung aus ihrem engen Muster, so wurden «die Fenster weit geöffnet», und wir können daraus nur lernen.

Spaltungen überwinden

Männer mit dem Kümmerer-Syndrom lehnen Frauen in der Arbeitswelt ab. Und wenn sie mit Frauen am Arbeitsplatz zu tun haben müssen, werden den beiden Geschlechtern unterschiedliche Arbeiten zugeordnet. Wenn Frauen an einem «typisch männlichen» Arbeitsplatz tätig sind, werden sie wie Eindringlinge von einem anderen Stern behandelt. Sie haben eine unsichtbare Grenze überschritten und befinden sich jetzt in einer Welt, für die sie die angemessene Qualifikation nicht besitzen. Was auch immer Frauen in der «fremden» Arbeitswelt des Mannes leisten, ihre Tätigkeit wird regelmäßig nur als zusätzliche Arbeit zu dem akzeptiert, was sie eigentlich tun sollten.

Arbeitsteilung nach Geschlecht bewahrt Männer davor, Frauen als etwas anderes als nur «Frauen» zu sehen, unabhängig davon, wie hoch sie auf der Karriereleiter stehen. Sie sind und bleiben eben Frauen, beschäftigen sich bestenfalls «außerhalb ihres Elements» und sind schlimmstenfalls Monstrositäten, die zwar aussehen wie Frauen, denen aber doch die Essenz des Weiblichen vollkommen fehlt. Und ganz tief in ihrem Innersten halten solche Männer an der Überzeugung fest, die in Witzen und Bemerkungen unter Männern immer wieder deutlich wird: Eigentlich wollen diese monströsen Frauen Männer haben, brauchen sie, sehnen sich nach dem Mann, der für sie sorgt, sie leitet und sie erobert. «Sie sind doch ganz verrückt danach!»

Die geschlechtsspezifische Zuordnung bestimmter Arbeiten verweist Frauen auf ihren Platz. Das, was Männer Frauen an Arbeit zutrauen, hat weniger Prestige als das, wozu nur Männer fähig sind, wie sie meinen. Eine Frau kann einfach die Arbeit eines Mannes nicht leisten, behauptet der Mann. Ich muß ihr dabei helfen. Und das will sie ja eigentlich auch. Dahinter steht häufig unausgesprochen der ängstliche Wunsch: Auf diese Weise bleibt sie mir, dem Manne, untergeordnet, und ich habe die Gelegenheit, mich ihrer Belohnung würdig zu erweisen.

Paradoxerweise macht diese Arbeitsspezifikation in männlich und weiblich, die dem Mann doch mehr Sicherheit geben sollte, ihn eher noch verletzlicher. Denn nun bestimmt die Frau durch ihre Reaktion auf seine männlichen Leistungen, und nicht seine eigene innere Überzeugung, das Maß seines Selbstwertgefühls.

Leon Buscar, Angestellter in einer Baufirma, erzählte mir von einem Ereignis, das ihm geholfen hatte, die geschlechtsspezifische Arbeitsteilung zwischen Mann und Frau zu überwinden. Er nahm an einer Tagung teil, zu der auch die Ehepartner eingeladen waren. Er arbeitete nur mit Männern zusammen, und die Frauen seiner Kollegen waren alle nicht berufstätig. Leons Frau aber war erfolgreich im Beruf. Bei der Tagung wurde sie wie auch die Frauen der anderen als «sein Mädchen» behandelt. Anfangs war ihm das nur recht, denn er wollte vor seinen Kollegen ja nicht wie ein Pantoffelheld dastehen. Und um ein richtiger Mann zu sein, mußte seine Frau eben «sein Mädchen» sein, süß-lächelnd, hohlköpfig und unselbständig. «Das wurde von uns erwartet, von der männlichen und weiblichen Rolle, die wir zu spielen hatten. Und dabei wurde doch etwas von dem unterdrückt, was ich als so besonders positiv bei ihr empfand. Ja, dachte ich, sie ist eine phantastische Frau, auffallend, gut aussehend, sehr intelligent. Wissen Sie, ich wollte wirklich mit ihr angeben. Aber nicht mit der vielschichtigen, interessanten Persönlichkeit, die sie war. Sondern mit der hübschen kleinen Puppe, die gut aussah und sich unterhalten konnte.»

«Was würde diese Puppe, die gut aussah und sich unterhalten konnte, denn für Sie tun?»

«Es wäre gut für mein Ego. Die Leute würden sich umdrehen und sagen: ‹Verdammt, was für ein Glückspilz!› Sie wußte, wie man sich in Gesellschaft benimmt, sie war attraktiv und konnte denken, selbst wenn ich das nicht sehr herausstellen wollte. Bei dieser Tagung, da verblüffte sie schon manchen, wenn sie hin und wieder einfach ‹Blödsinn!› einwarf oder wenn sie sich in Gespräche mischte und sagte: ‹Warum machen Sie das denn?›, oder wenn sie ihre Meinung über das Erziehungswesen abgab. Sie war Schulleiterin. Wissen Sie, viele Leute glauben, daß es ganz leicht ist, eine Schule zu leiten. ‹Also›, sagte sie in einem solchen Fall, ‹was würden Sie denn in folgender Situation tun…›, und schilderte kurz drei oder vier Situationen, die sicher weitaus komplizierter waren als die, mit denen die Umstehenden je in ihrem Berufsleben fertig werden mußten. Manche waren dann richtig schockiert, und nach einer Weile merkte ich, daß ich die Situation eigentlich genoß, daß es mir nichts ausmachte, daß sie da im Mittelpunkt stand und die Männer um sich scharte, die nicht an Frauen mit eigenen Ideen und starken Überzeugungen gewöhnt waren. Sie konnte sich über die verschiedensten Themen unterhalten, konnte den Männern sogar Ratschläge geben, was sie in ihrem eigenen Geschäftsbereich vielleicht besser machen könnten. Und da fiel es mir plötzlich wie Schuppen von den Augen, und ich sagte mir: ‹Warum habe ich mir bloß Gedanken gemacht? Ich war wohl verrückt.› Es nützt meinem Ansehen doch viel mehr, daß sie zu den wenigen Frauen gehört, die vollkommen selbständig sind, die freiwillig eine gleichberechtigte Beziehung zu einem Mann eingehen, weil sie ihn lieben… Es dauerte ein paar Jahre, bis ich mich umgestellt hatte, aber dann war es eigentlich nur gut.»

Mich interessierte der Prozeß der Umstellung, und ich sagte: «Es gab aber doch eine Zeit, da meinten Sie, daß eine hübsche, kleine Frau an Ihrer Seite, die Sie anbetet, Ihrem Image nützt. Man würde Sie zusammen sehen und anerkennend sagen: Er ist in Ordnung; schau doch mal, was er da anbringt. Und dann stellten Sie fest, daß gerade eine intelligente, denkende und interessante Frau Ihr Ansehen erhöhte.»

Er stimmte mir zu und erzählte, was passierte, nachdem er sie nicht mehr als schmückendes Anhängsel betrachten wollte, sondern sie so akzeptierte, wie sie war. «Es kam soweit, daß man uns lieber als Leon und Gloria, als Paar einlud, und nicht als Abteilungsleiter mit Frau. Wenn ich allein kam, sagten meine Kollegen: ‹Gloria ist nicht mit?› Man hatte sich schon an sie gewöhnt und war enttäuscht, wenn sie nicht dabei war.»

Die Grenze war überschritten worden. Leon hatte erfahren, daß er in seiner Männlichkeit nicht dadurch bestärkt wurde, daß seine Frau nur «seine Frau» war. Sobald er gelernt hatte, daß die Berufswelt sich nicht in geschlechtsspezifische Tätigkeiten gliederte, konnten er und seine Frau auch einander ganz anders unterstützen.

«Wir helfen und beraten einander und sind uns in den siebzehn Jahren unserer Ehe eigentlich immer ähnlicher geworden. Sie tritt jetzt bestimmter auf, ist dabei aber charmant und liebenswert und kann gewisse Situationen viel besser meistern als ich. Sie kann Menschen ganz direkt beeinflussen. Und ich habe von ihr gelernt, wie man sozusagen auch zwischen den Zeilen lesen kann, wie man sich in eine Situation hineinfühlen kann und mehr Erfolg hat, wenn man seine Vorschläge klar und deutlich, aber ruhig vorträgt, als wenn man versucht, die anderen nur mit lautem Aufschneiden zu überzeugen. Wir haben beide voneinander gelernt und sind so stärker und erfolgreicher geworden.»

Auch Marty Adams, ein erfolgreicher Fernsehproduzent, hatte in der Zusammenarbeit mit seiner Frau gewonnen. Als ich ihm mit ein paar Worten umriß, worüber wir sprechen wollten, wußte er sofort, worum es ging. «Dieses Gespräch wird für mich nicht ganz leicht sein, denn es geht da um sehr allgemeine Dinge, die gleichzeitig aber auch sehr persönliche sind. Und ich werde mir über vieles klarwerden müssen, worüber ich vielleicht nicht unbedingt sprechen möchte.»

Marty berichtete mir von dem ersten Projekt, das er allein betreut hatte und das ihm deshalb besonders viel bedeutete.

«Ich wollte nicht, daß man mich als Greenhorn ansah. Ich brauchte Hilfe und arbeitete eng mit dem Redakteur zusammen. Bei so einer Partnerschaft muß man Glück haben, man braucht einen wirklich kreativen Austausch mit dem anderen. In diesen Dialog bringen beide Seiten ihre persönlichen Eigenschaften ein, eine spezielle Art von Humor, ein Gefühl dafür, was witzig, was vulgär ist, was hübsch aussieht, wer attraktiv ist und wer nicht. Welche Wertvorstellungen sollen dem Projekt zugrunde liegen, was ist der Sinn der Geschichte, wer wird sich die Sendung ansehen, was geht uns verloren, wenn wir dieses oder jenes tun? Können wir kürzen? Sie können sich den Prozeß sicher vorstellen. Ich bin ein Mensch, der leicht alles verinnerlicht, nichts herausläßt, und ich identifiziere mich beinahe zu sehr mit dem Material und dem Projekt. Selbst wenn ich so tue, als ob es nicht so ist.»

Ich begann: «Die Zusammenarbeit mit Ihrer Frau hatte also ganz wichtige Auswirkungen auf…», und er beendete meinen Satz: «…auf die Ehe, auf unsere Beziehung und auf unser beider Karriere. Das war zugleich wunderbar und schrecklich.»

«Können Sie das näher erklären?»

«Sie können sich sicher vorstellen, daß das erste Projekt

eine ganz besondere Sache ist. Sie haben so was noch nie gemacht und haben den Eindruck, daß jeder Sie beobachtet. Ich kann das am besten mit einer Analogie erklären. Stellen Sie sich vor, Sie haben noch nie ein Auto gefahren. Sie haben alles darüber gelesen, und man hat Ihnen viel davon erzählt. Sie haben gesehen, wie andere Auto fahren, aber jetzt drückt Ihnen jemand den Zündschlüssel in die Hand und sagt: ‹Los, fahren Sie von Ihrem Haus bis zum Fußballstadion.› Sie wissen, wie Sie wahrscheinlich fahren werden. Vieles macht man automatisch. Aber Sie wissen auch, daß Sie in eine gefährliche Situation kommen können, Sie müssen ein Gefühl für den Verkehr entwickeln. – Vielleicht ist das gar nicht so ein schlechter Vergleich mit meiner Lage damals. Das Gefühl von Gefahr, von Risiko ist immer da. Und Sie glauben, daß man Ihnen keine zweite Chance geben wird, daß dieses Projekt Ihr letztes sein wird, wenn es nicht erfolgreich ist, und das wird allein Ihre Schuld sein. All das geht Ihnen durch den Kopf, die Probleme türmen sich vor Ihnen auf, und derjenige, der Ihnen helfen kann, der Sie retten wird, ist Ihr Redakteur.»

Monty hatte anfangs einen der bekanntesten Redakteure engagiert. Aber der kreative Dialog und die erhoffte Stimulation stellten sich nicht ein. «Also trennten wir uns, und ich fragte meine Frau Maura, ob sie mit mir zusammenarbeiten wollte. Sie hatte noch nie ein solches Projekt gemacht. Aber sie hatte Erfahrung und war nicht nur eine Zuhörerin, die zu allem ja und amen sagt nach dem Schema: ‹Okay, Liebling. Mach dir keine Sorgen, ich liebe dich, und du machst alles ganz wunderbar!› Statt dessen war sie eine scharfsichtige Beobachterin und machte wertvolle Vorschläge, die auf eigenen Erfahrungen beruhen. Und es waren weniger die praktischen Vorschläge wie ‹Warum stellt ihr denn die Kommode nicht lieber hierhin?›, sondern mehr, daß da ein anderer Mensch in meinem Leben war, der ähnliche Werte und auch Vorstellungen davon hatte, wie etwas laufen sollte, so daß ich mir nicht vollkommen verrückt vorkommen mußte. Sie gab mir emotionale Unterstützung, aber mehr als das, sie hatte fundierte Meinungen, und ich konnte davon profitieren. Maura hatte das Ganze von Anfang an mitgemacht, und als es sich herausstellte, daß ich mit dem ersten Redakteur nicht zusammenarbeiten konnte, war es beinahe selbstverständlich für mich, daß ich sie fragte, ob sie nicht seinen Platz einnehmen wollte. Es war ein gewisses Risiko, auch für unsere Beziehung, aber es konnte auch von enormem Vorteil sein, nicht nur für den Film.»

«Was konnte eine solche Zusammenarbeit denn für Ihre Beziehung bedeuten?»

«… ein stärkeres und tieferes Involviertsein. Sie half mir bei der Arbeit an dem Projekt. Und es klappte. Es war anfangs gar nicht einfach, wir hatten schlimme Tage miteinander, wir stritten uns. Wir hatten Meinungsverschiedenheiten, wie sie bei zwei Individuen normal sind. Mauras Sicht von der Welt und ihr Wertesystem sind den meinen zwar ähnlich, aber nicht identisch. Also gab es immer wieder Punkte, wo wir unterschiedlicher Meinung waren, etwas, was man mit jedem Redakteur durchmacht, nur kam hier eben noch die andere Beziehung dazu, die Tatsache, daß wir Mann und Frau waren. Und wenn man all den anderen Kram dann auch in die private Beziehung mit hinübernimmt, dann ist das schon ein echter Test für die Stabilität dieser Beziehung.»

Ich fragte, wie sich die Zusammenarbeit denn auf seine Ehe ausgewirkt habe.

«Es gibt da die jüdische Redensart – oder wenn es sie noch nicht gibt, dann gibt es sie jetzt –: ‹Wer hat denn jemals gesagt, daß du glücklich sein mußt?› Wissen Sie, es war wirklich eine sehr intensive Erfahrung. Wir arbeiteten gemeinsam nicht nur an dem Projekt, sondern auch an unserer Beziehung. Und es wurde eine echte, gleichberechtigte Zusammenarbeit daraus, zu der jeder das beitragen konnte, wozu er am besten befähigt war.»

Die Einschränkungen durch die Geschlechtsspezifizierung in der Berufswelt zwingen Männer und Frauen dazu, das zu tun, was die Tradition der Gesellschaft ihnen vorschreibt, und nicht das, was ihnen liegt, was sie brauchen und was sie können. Marty und Maura befreiten sich aus diesen Zwängen, indem sie an der Überwindung dieser Grenzen arbeiteten: Sie gaben sich die Chance, das zu tun, was ihren individuellen Fähigkeiten entsprach.

Fördere Gespräche unter Männern, nicht Männergespräche

Ein Kollege berichtete folgendes: «Ich arbeitete als Psychologe an einem College. Bei einem Gespräch unter Studenten ging es um Sex. Die jungen Männer berichteten alle nacheinander und im Detail von ihren sexuellen Erfahrungen, einschließlich Geschlechtsverkehr, ohne Zögern und ohne Hemmungen. Und dann, im Verlauf der nächsten Woche, kam jeder einzeln zu mir und gestand, daß er noch gar keine Erfahrung mit Geschlechtsverkehr habe. Sie standen alle unter einem enormen Druck.»

Ja, der Druck, sich den idealisierten Maßstäben männlichen Verhaltens anzupassen, ist so stark, daß Männer sich genötigt fühlen, Geschichten zu erfinden, um an typischen Männergesprächen teilnehmen zu können.

Selbst wenn ihre Selbstzweifel sehr stark sind, fühlen sich Männer gezwungen, in der Männerrunde mit ihren maskulinen Fähigkeiten und Kompetenzen zu prahlen.

Ein unfähiger Kümmerer ist schließlich zu nichts nutze, und Frauen werden ihm niemals ihre libidinöse Belohnung zukommen lassen. Um aber an diesen ersehnten Schatz zu gelangen, muß er sämtliche Selbstzweifel unterdrücken und statt dessen Eigenschaften hervorheben, die ein Mann angeblich besitzen muß. Andere Männer tun es ihm gleich, und obgleich jeder weiß, daß der andere vielleicht ein bißchen übertreibt, so haben doch alle in der Männerrunde den Eindruck, daß die Welt voll ist von kompetenten Männern, die zum Wettstreit um die Belohnung der Frau angetreten sind. Im geheimen aber wachsen die Selbstzweifel jedes einzelnen, und er fühlt, daß er noch mehr angeben muß, um sich zu verstecken – also mehr Männergespräche!

Doch hinter seiner selbstbewußten Maske wird der Mann müde und sieht sich einsam den eigenen Ängsten und Unvollkommenheiten ausgeliefert, die ihn nicht in Ruhe lassen. Probleme werden unterdrückt und verstärken sich noch, weil die Übertreibungen und Verzerrungen der Männergespräche den Mann davon abhalten, sein eigentliches schwaches Selbstbild objektiv an der Wirklichkeit zu messen.

In Untersuchungen hat man festgestellt, daß Männer verschlossener sind als Frauen. Kein Wunder! Die Last der zunehmenden Selbstzweifel läßt sie schweigen. Sie trauen sich nicht, von ihren Ängsten zu sprechen, aus der Sorge heraus, daß ihnen dann die Belohnung durch die Frau auf immer versagt ist. Das setzt sie unter einen starken Druck.

Und dennoch können Männer diesen Kreislauf aus Einsamkeit und ewigem Bemühen durchbrechen. Wenn sie es fertigbringen, miteinander über ihre Selbstzweifel zu sprechen, kann endlich der Held, der mit den typischen männlichen Fähigkeiten und Kompetenzen ausgestattet ist, als Götze entlarvt werden.

Wenn ich jeweils am Ende der Interviews von den Erfahrungen anderer Männer und von meinen eigenen berichtete und meine Einstellung deutlich machte, dann reagierten meine Gesprächspartner häufig mit Erleichterung und auch Dankbarkeit dafür, daß sie endlich einmal in aller Offenheit mit einem anderen Mann sprechen konnten:

- «Das war wirklich sehr gut.»
- «Männer sollten sich viel häufiger über ihre Probleme unterhalten.»
- «Es ist wirklich wahr, wir kennen keinen Ausweg.»
- «Männer müssen einander immer wieder beweisen, daß sie in allem top sind, ob es sich um Autos, Bankkonten, Stellungen, Muskeln, Freunde, Reisen oder sonst was handelt. Das ist wirklich krankhaft.»
- «Es war wirklich schön, daß wir uns unterhalten haben. Es ist gut, auch mal von anderen Männern und ihren Schwierigkeiten zu hören, von den eigenen Zweifeln zu sprechen.»
- «Aber keiner traut sich etwas zu sagen. Sie wissen nicht, wie sie es anfangen sollen, aber einer muß damit anfangen.»

Ja, das ist das Problem. Einer muß den Anfang machen.

Brecht das Schweigen!

Laßt uns davon sprechen, wie man die Mächte überwinden kann, die den Mann dazu zwingen, immer der unerreichbaren Norm der typisch männlichen Fähigkeiten und Kompetenzen nachzujagen. Laßt uns zeigen, was mit den Männern geschieht, die angeblich diese Maßstäbe erfüllen, die sich wie «echte» Männer verhalten und sich nicht trauen, sie selbst zu sein und ihre Ängste und Fehler zuzugeben. Laßt uns enthüllen, was es bedeutet, sich stark zu geben und sich doch verletzlich zu fühlen, nach außen hin Sicherheit zu demonstrieren und dabei doch innerlich unter Ängsten und Unsicherheiten zu leiden. Wir wollen uns nicht mehr nach den rigiden Vorschriften richten, ob überliefert oder neu festgelegt, wie ein Mann zu sein hat.

Brecht das Schweigen!

Auf der ganzen Welt haben Gesetze, die von Männern gemacht wurden, haben männliche Verhaltensweisen und Mythen Frauen einen ganz bestimmten Platz zugewiesen. Sie haben dazu beigetragen, daß Frauen diskriminiert wurden, daß sie ausgenutzt wurden, und sind dafür verantwortlich, daß Frauen sich zuwenig zutrauen und sich zu schnell Grenzen setzen. Trotz der Frauenbewegung der letzten Jahre müssen Frauen immer noch gegen die Schimären der Vergangenheit ankämpfen: «Sei freundlich und lieb, aber wirke nicht zu selbstbewußt oder intelligent, und zeige vor allen Dingen keine Eigenschaften, die Männern zugeordnet werden. Warte geduldig, und auch dein Märchenprinz wird kommen und wird dich zu seinem Wolkenschloß bringen, wo du in alle Ewigkeit glücklich und zufrieden leben wirst.»

Und dem Mann wird vermittelt: «Sei stark, entscheidungsfreudig und ein echter Held wie im Märchen. Dann wird die Jungfrau dir gehören, und ihr werdet bis in alle Ewigkeit glücklich und zufrieden sein.»

Laßt uns offenlegen, welchen Ballast Männer und Frauen mit sich herumtragen. Nur dann können wir verhindern, daß er zum Köder wird, der Männer und Frauen zu Verhaltensweisen verführt, die für den anderen nur traurige Folgen haben können.

Brecht das Schweigen!

Nicht immer wird Geben mit einer Gegengabe belohnt. Wir wollen endlich aufdecken, wie schädlich eine zweckgebundene Mann-Frau-Beziehung ist, bei der Männer sich für die materielle und physische Welt verantwortlich fühlen, was impliziert, daß sie *für* die Frau, *zum Besten* der Frau tun oder um sie *zu beeindrucken*. Frauen dagegen sind für die emotionale Welt zuständig; sie haben Verständnis, gleichen aus und räumen emotionale Schwierigkeiten aus dem Weg. Wenn dieses Tauschgeschäft nicht funktioniert, und es kann nicht funktionieren, dann müssen wir Wut, Enttäuschung und Frustration zulassen, die immer wieder in der ärgerlichen Klage des Mannes Ausdruck finden: «Und das nach allem, was ich für sie getan habe!»

Brecht das Schweigen!

Wir wollen die falschen Vorstellungen abbauen, Frauen hätten in der Berufswelt des Mannes nichts zu suchen und können in dieser ihnen wesensfremden Welt nur überleben, wenn ein Mann ihnen hilft.

Brecht das Schweigen!

Männergespräche fördern die Illusion eines Gedankenaustausches, obgleich sie nur das innere Schweigen vertiefen. Eine unvollkommene innere Realität wird hinter der Maske des perfekten Mannes versteckt. In Männergesprächen kommt es vor allem darauf an, den Zuhörer zu überzeugen, daß man die Eigenschaften des märchenhaften Helden besitzt. Männergespräche verzerren die Wirklichkeit. Wir wollen es immer wieder ganz laut sagen: Auch unser Märchenprinz hatte Probleme!

Brecht das Schweigen!

      Brecht das Schweigen!

            Brecht das Schweigen!

Danksagungen

Mehr als 400 Stunden lang habe ich 150 Männer und Frauen über ihre Liebesbeziehungen befragen können. Ohne den Mut und die Bereitschaft meiner Interviewpartner zur Zusammenarbeit hätte dieses Buch nicht geschrieben werden können.

Ihre Berichte machen deutlich, daß Beziehungen regelmäßig durch übermäßige Erwartungen gestört werden, Erwartungen, die Männer an sich selbst und an Frauen stellen. Sowohl traditionell denkende als auch für moderne Mann-Frau-Beziehungen angeblich aufgeschlossene Männer versuchen selbst heute noch, so zu handeln, daß ihre Taten mit denen der legendären Märchenprinzen vergleichbar sind. Nur dann, so meinen sie, werden die Frauen ihres Lebens sie auch auf immer und ewig glücklich machen. In den sehr emotional geladenen Schilderungen von Liebesaffären, Ehen und Scheidungen wurde immer wieder der Druck deutlich, unter dem diese Männer lebten, aber auch die Wut, mit der sie die Frauen zu unterdrücken versuchten, die ihnen dieses ewige Glück ihrer Meinung nach vorenthielten. Es gehörte viel Mut dazu, so ehrlich von Erfahrungen und Gefühlen zu sprechen. Die Erinnerungen waren nicht selten schön und traurig zugleich; wir haben viel gelacht, oft aber standen uns auch die Tränen in den Augen. Ich danke meinen Gesprächspartnern für ihre Zeit und ihre Bereitschaft, mich an wichtigen Aspekten ihres Lebens teilnehmen zu lassen.

Schon bevor dieses Buch endgültige Formen annahm, haben mich Gerry McCauley und Maria Guarnaschelli immer wieder ermutigt und unterstützt. Ich bin beiden sehr dankbar für ihren unerschütterlichen Glauben an dieses Projekt. Maria hat mir außerdem mit ihren redaktionellen Hinweisen außerordentlich geholfen.

Madeline Heilman und ich haben ein gemeinsames Leben aufgebaut, das, wie ich jetzt weiß, so glücklich ist, wie es für normale Menschen nur sein kann, die nicht in einem Märchen leben. Da sie selbst eine erfahrene Psychologin ist, habe ich ihre Vorstellungen und Einwände ernst genommen und bin jede Seite dieses Buches immer wieder durchgegangen. Sie ist außerdem die Mutter unserer Töchter Alison und Erica und die Stiefmutter meiner ältesten Tochter Jessica.

In den Jahren unseres Zusammenlebens habe ich mit Madelines Hilfe gelernt, daß dieses «glückliche Leben in alle Ewigkeit» manchmal chaotisch und verwirrend sein kann und daß wir nicht immer vollkommen glücklich sein müssen. In Dankbarkeit und Liebe möchte ich dieses Buch Madeline und meinen Töchtern widmen. Ich hoffe, daß meine Töchter durch das Beispiel unserer Beziehung und auch mit Hilfe dieses Buches lernen können, den Versuchungen des Lebens aus dem Weg zu gehen, die sich auch heute noch im Mythos des Märchenprinzen symbolisieren.

Literaturverzeichnis

Baruch, Grace R., Beiner, Lois B., and Barnett, Rosalind C. Women and gender in research on work and family stress. *American Psychologist*, 42, 4, 130–136 (1987).

Bem, Sandra L. The measurement of psychological androgyny. *Journal of Consulting and Clinical Psychology*, 42, 155–162 (1974).

–. Sex-role adaptability: One consequence of psychological androgyny. *Journal of Personality and Social Psychology*, 31, 634–643 (1975).

Bernard, Jessie. *American Family Behavior*. New York: Harper, 1952.

–. The good-provider role: Its rise and fall. *American Psychologist*, 36, 1, 1–12 (1981).

Bettelheim, Bruno. *The Uses of Enchantment*. New York: Vintage, 1977; dt. *Kinder brauchen Märchen*. Stuttgart: Deutsche Verlags-Anstalt, 5. Aufl. 1990.

Blauner, Robert. *Alienation and Freedom*. Chicago: University of Chicago Press, 1964.

Bly, Robert. *Iron John*. Reading, MA: Addison-Wesley, 1990; dt. *Eisenhans*. München: Kindler, 1991.

Bossen, Laurel. Women in modernizing societies. *American Ethnologist*, 2, 587–601 (1975).

Brems, Christiana, and Johnson, Mark E. Problem-solving, appraisal and coping style: The influence of sex-role orientation and gender. *Journal of Psychology*, 123, 187–194 (1989).

Brenton, Myron. *The American Male*. New York: Coward-McCann, Inc., 1966.

Briggs, Katherine M. *A Dictionary of British Folk Tales*, 4 vols. Bloomington: Indiana University Press, 1970.

Broverman, Inge K., Vogel, Susan R., Broverman, Donald K., and

Clarkson, Frank E. Sex-role stereotype: A current appraisal. In M. T. S. Mednick, S. S. Tangri, and L. W. Hoffman, eds., *Women and Achievement: Social and Motivational Analyses*. New York: Wiley, 1975.

Brown, D. G. Sex development in a changing culture. *Psychological Bulletin*, 54, 232–242 (1958).

Buss, David M. Human mate selection. *American Scientist*, 73, 47–51 (1985).

Cahn, Dudley D. Relative importance of perceived understanding in developing male-female mate relationships. *Psychological Reports*, 64, 1339–1342 (1989).

Chesler, Phyllis, and Goodman, Emily J. *Women, Money, and Power*. New York: William Morrow, 1976.

Cicone, Michael V., and Ruble, Diane N. Beliefs about males. *Journal of Social Issues*, 34, 5–16 (1978).

Crandall, V. C. Sex differences in the expectancy of intellectual and academic reinforcement. In C. P. Smith, ed., *Achievement Related Motives in Childhood*. New York: Russel Sage, 1969.

David, D., and Brannon, R., eds. *The Forty-Nine Percent Majority: The Male Sex Role*. Reading, MA: Addison-Wesley, 1976.

Deaux, Kay. *The Behavior of Men and Women*. Monterey, CA: Brooks/Cole, 1976.

Dowling, Colette. *The Cinderella Complex*. New York: Pocket Books, 1982; dt. *Der Cinderella-Komplex*. Frankfurt a. M.: S. Fischer, 1982; zitiert nach Fischer Taschenbuch Nr. 3068.

Eagly, Alice H. Sex differences in influenceability. *Psychological Bulletin*, 85, 1, 86–116 (1978).

Ellis, Albert. How to live with a neurotic man. *Journal of Rational-Emotive Behavior*, 6, 128–136 (1988).

Fierman, Jaclyn. Do women manage differently? *Fortune*, 115–116 (December 17, 1990).

Frank, Harold H. *Women in the Organization*. Philadelphia: University of Pennsylvania Press, 1977.

Freudenberger, Herbert J. Today's troubled men. *Psychology Today*, 46–47 (1987).

Friedan, Betty. *The Feminine Mystique*. New York: Dell, 1977; dt. *Der Weiblichkeitswahn*. Reinbek: Rowohlt, 1966 und rororo Nr. 6721.

Friedl, Ernestine. *Women and Men: An Anthropologist's View*. New York: Holt, Rinehart & Winston, 1975.

Frieze, Irene B., Parson, Jacquelynne E., Johnson, Paula B., Ruble,

Diane B., and Zellman, Gail L. *Women and Sex Role: A Social Psychological Perspective.* New York: Norton, 1978.

Frodi, Ann, Macaulay, Jacqueline, and Thorne, Pauline. Are women always less aggressive than men? A review of the experimental literature. *Psychological Bulletin*, 8, 84, 4, 634–660 (1977).

Gilbert, Sandra M., and Gruber, Susan. Sex wars: Not the fun kind. *New York Times Book Review*, 1, 20–22 (December 27, 1987).

Gilmore, David D. *Manhood in the Making: Cultural Concepts of Masculinity.* New Haven, CT: Yale University Press, 1990; dt. *Mythos Mann. Rollen, Rituale, Leitbilder.* München: Artemis, 1991.

Goodenough, E. W. Interest in persons as an aspect of sex differences in the early years. *Genetic Psychology Monographs*, 55, 287–323 (1957).

Gornick, Vivian, and Moran, Barbara K., eds. *Women in Sexist Society.* New York: Basic Books, 1971.

Gould, Roger E. Measuring masculinity by the size of a paycheck. In J. E. Pleck and J. Sawyer, eds., *Men and Masculinity.* Englewood Cliffs, NJ: Prentice-Hall, 1974.

Grant, Jan. Woman as managers: What they can offer to organizations. *Organization Dynamics*, 16, 3, 56–63 (1988).

Jourard, S. M., and Richman, P. Disclosure output and input in college students. *Merrill-Palmer Quarterly of Behavioral Development*, 9, 141–148 (1963).

Hantover, Jeffrey P. The Boy Scouts and the validation of masculinity. *Journal of Social Issues*, 34, 184–195 (1978).

Hatfield, J. S., Ferguson, L. R., and Alpert, R. Mother-child interaction and the socialization process. *Journal of Personality and Social Psychology*, 23, 219–233 (1972).

Heilman, Madeline E. Sex bias in work settings: The lack of fit model. In B. Staw and L. Cummings, eds., *Research in Organizational Behavior.* Greenwich, CT: JAI Press, 1983.

–. Sometimes beauty can be beastly. *Sunday New York Times Business Section* (June 22, 1980).

–, and Stopeck, Melanie H. Attractiveness and corporate success: Different causal attributions for males and females. *Journal of Applied Psychology*, 70, 379–388 (1985).

Hennig, Margaret, and Jardim, Anne. *The Managerial Woman.* Garden City, NY: Anchor Press/Doubleday, 1977.

Hoffman, Curt, and Hurst, Nancy. Gender stereotypes: Perception or rationalization. *Journal of Personality and Social Psychology*, 58, 197–208 (1990).

Hoffman, Lois W. Early childhood experiences and woman's achievement motives. In M. T. S. Mednick, S. S. Tangri, and L. W. Hoffman, eds., *Women and Achievement: Social and Motivational Analyses*. New York: Wiley, 1975.

Horner, Matina S. Toward an understanding of achievement-related conflicts in women. *Journal of Social Issues*, 28, 157–175 (1972).

Kanter, Rosabeth M. *Men and Women of the Corporation*. New York: Basic Books, 1977.

Lekarcyzk, D. T., and Hill, K. T. Self-esteem, test anxiety, stress and verbal learning. *Developmental Psychology*, 1, 147–154 (1969).

Letters to the Editor. Management women: Debating the facts of life. *Harvard Business Review*, 182–214 (May/June, 1989).

Lewis, Robert A. Emotional intimacy among men. *Journal of Social Issues*, 34, 108–121 (1978).

Livingstone, D. W., and Luxton, M. Gender consciousness at work: Modification of the male breadwinner norm among steel workers and their spouses. *Canadian Review of Sociology and Anthropology*, 26, 240–275 (1989).

Luebke, Barbara F. Out of focus: Images of women and men in newspaper photographs. *Sex Roles*, 20, 121–133 (1989).

Mabry, Edward A. Some theoretical implications of female and male interaction in unstructured small groups. *Small Group Behavior*, 20, 536–550 (1989).

Maccoby, Eleanor. *The Development of Sex Differences*. Stanford, CA: Stanford University Press, 1966.

–, and Jacklin, Carol N. *The Psychology of Sex Differences*. Stanford, CA: Stanford University Press, 1974.

Mednick, Martha T. S., and Tangri, Sandra S. New social psychological perspectives on women. *Journal of Social Issues*, 28, 1–16 (1972).

Mednick, Martha T. S., Tangri, Sandra S., Hoffman, Lois W., eds. *Women and Achievement: Social and Motivational Analyses*. New York: Wiley, 1975.

Miller, Arthur G., ed. *In the Eye of the Beholder: Contemporary Issues in Stereotyping*. New York: Holt, Rinehart & Winston, 1980.

Monahan, Lynn, Kuhn, Deanna, and Shaver, Philip. Intrapsychic versus cultural explanations of the «fear of success» motive. *Journal of Personality and Social Psychology*, 29, 60–64 (1974).

O'Leary, Virginia E. Latitudes of masculinity. *Journal of Social Issues*, 34, 17–28 (1978).

–. Some attitudinal barriers to occupational aspirations in women. *Psychological Bulletin*, 81, 809–826 (1974).

–. *Toward Understanding Women*. Monterey, CA: Brooks/Cole, 1977.

Orber, Linda. The analysis of a passive young man involved in fleeting relationships. *Issues in Ego Psychology*, 11, 79–89 (1988).

Pleck, Joseph H. *Working Wives/Working Husbands*. Beverly Hills, CA: Sage 1985.

–, and Sawyer, Jack. *Men and Masculinity*. Englewood Cliffs, NJ: Prentice-Hall, 1974.

–, and Brannon, Robert, eds. Male roles and the male experience. *Journal of Social Issues*, 34, 1 (1978).

Reskin, Barbara F., ed. *Sex Segregation in the Workplace: Trends, Explanations, Remedies*. Washington, DC: National Academy Press, 1984.

–, and Hartmann, Heidi I. *Women's Work Men's Work. Sex Segregation on the Job*. Washington, DC: National Academy Press, 1986.

Rogers, Susan C. Female forms of power and the myth of male dominance: A model of female/male interaction in peasant society. *American Ethnologist*, 2, 727–756 (1975).

–. Woman's place: A critical review of anthropological theory. *Comparative Studies in Society and History*, 20, 123–162 (1978).

Rose, Suzanne, and Frieze, Irene H. Young singles' scripts for a first date. *Gender and Society*, 3, 258–268 (1989).

Rosener, Judy B. Way women lead. *Harvard Business Review*, 119–125 (November/December 1990).

Rosenzweig, Julie M., and Dailey, Dennis M. Dyadic adjustment/sexual satisfaction in women and men as a function of psychological sex role self-perception. *Journal of Sex and Marital Therapy*, 15, 42–56 (1989).

Sanday, Peggy R. *Female Power and Male Dominance: On the Origins of Sexual Inequality*. Cambridge, England: Cambridge University Press, 1988.

–. Toward a theory of the status of women. *American Anthropologist*, 75, 1682–1700 (1973).

Sargent, Alice G. *Beyond Sex Roles*. St. Paul, MN: West Publishing Company, 1977.

Scanzoni, John H. *Sex Roles, Life Styles, and Child Bearing.* New York: Free Press, 1975.

–. *Sexual Bargaining: Power Politics in American Marriage.* Englewood Cliffs, NJ: Prentice-Hall, 1972.

Schaffer, David R., and Wegley, Carol. Success orientation and sex-role congruence as determinants of the attractiveness of competent women. *Journal of Personality*, 42, 586–600 (1974).

Schein, Virginia E. The relationship between sex role stereotypes and requisite management characteristics. *Journal of Applied Psychology*, 57, 95–100 (1973).

Schwartz, Felice N. Management women and the new facts of life. *Harvard Business Review*, 65–76 (January/February 1989).

Small, John E., Rosenwald, Richard J., and Robey, Ames. The wife-beater's wife. *Archives of General Psychiatry* (1964).

Social Behavior. Special issue and perspectives on male role demands, 4, 4 (1989).

Spence, Janet T., and Helmreich, Robert T. *The Psychological Dimensions of Masculinity and Femininity: Their Correlates and Antecedents.* Houston: University of Texas Press, 1978.

–. Who likes competent women: Competence, sex-role congruence of interests, and subjects' attitudes toward women as determinants of interpersonal attraction. *Journal of Applied Social Psychology*, 2, 197–213 (1972).

Taylor, Patricia A., and Glenn, Norral D. The utility of education and attractiveness for females' status attainment through marriage. *American Sociological Review*, 41, 484–498 (1976).

Tiger, Lionel. *Men in Groups.* New York: Random House, 1969.

Udry, J. Richard, and Eckland, Bruce K. Benefits of being attractive: Differential payoffs for men and women. *Psychological Reports*, 54, 47–56 (1984).

Weitzman, Lenore J., Eifler, Deborah, Hokada, Elizabeth, and Ross, Catherine. Sex-role socialization in picture books for pre-school children. *American Journal of Sociology*, 55, 327–332 (1957).

Whiting, Beatrice B. Sex identity conflict and physical violence: A comparative study. *American Anthropologist*, 67, 6, pt. 2, 123–140 (1965).

–, ed. *Six Cultures: Studies of Child Rearing.* New York: 1960.

Whiting, John W. M., and Whiting, Beatrice B. Aloofness and intimacy of husbands and wives. *Ethos*, 3, 183–207 (1975).

Zelman, Elizabeth C. Reproduction, ritual and power. *American Ethnologist*, 4, 714–733 (1977).